Thich Nhat Hanh

Die Welt ins Herz schließen

Buddhistische Wege zu Ökologie und Frieden

Aus dem Englischen von
Ursula Richard

AURUM

Jeder von uns kann etwas tun,

um unseren Planeten zu schützen

und Sorge für ihn zu tragen.

Wir sollten so leben,

dass für unsere Kinder und Enkelkinder

eine Zukunft möglich sein wird.

Unser eigenes Leben muss unsere

Botschaft sein.

Thich Nhat Hanh

Einführung von Alan Weismann

Vor einigen Jahren besuchte ich während der Recherchen für mein Buch *Die Welt ohne uns* einen Stamm in Ecuador. An dem Lebensraum, der diesen Menschen im einst so üppigen Regenwald verblieben ist, war ein Raubbau in einem solchen Ausmaß betrieben worden, dass sie sich gezwungen sahen, Klammeraffen zu jagen. Das war besonders deswegen so schlimm und geradezu makaber, da diese Menschen glaubten, von genau diesen Primaten abzustammen. Im Grunde aßen sie also ihre eigenen Vorfahren.

In seinem neuen Buch *Die Welt ins Herz schließen* gibt es eine bemerkenswerte Schlussfolgerung, genannt das *Sutra über das Fleisch des Sohnes*. Die Moral dieses Sutra ist, dass wir de facto unsere Kinder essen, wenn wir nicht voller Achtsamkeit und Mitgefühl konsumieren.

Ich bin weder ein Buddhist noch ein Weiser, sondern nur Journalist, und so empfinde ich eine gewisse Demut dabei, diesen Aufruf Thich Nhat Hanhs zum achtsamen Handeln einzuleiten. Es freut mich aber sehr, dass seine Stimme, die einst der Welt während eines furchtbaren Krieges half, ihre moralische Orientierung wiederzufinden, sich nun in einer Zeit, in der wir ihrer so dringend bedürfen, erneut erhebt. Auf unterschiedlichen Wegen sind er und ich zu der Einschätzung gelangt, dass wir Menschen, wenn wir die Verbindung zu unseren Ursprüngen verlieren, Gefahr laufen, unsere Zukunft zu töten.

In meinem Buch *Die Welt ohne uns – Reise über eine unbevölkerte Erde* habe ich mir vorgestellt, wie unser Planet wohl reagieren würde, wenn es die Menschheit plötzlich nicht mehr gäbe. Wie lange würde der Rest der Natur brauchen, um unsere tiefen Spuren auszulöschen, unsere Schäden ungeschehen zu machen, die entstandenen leeren Nischen wieder aufzufüllen, unsere Umweltgifte abzubauen und die von uns verursachten Narben auszuheilen. Meine Forschungsarbeiten ergaben, dass viele unserer monumentalen Werke und angeblich unzerstörbaren Bauten überraschend schnell verfallen würden. Bei anderen, von uns in Gang gesetzten Dingen, wie zum Beispiel der Kohle, die wir geschürft und in die Atmosphäre geblasen haben, wird die Natur sehr viel länger brauchen, um sich wieder zu regenerieren. Und doch, die Natur hat alle Zeit der Welt.

Forscher, Wissenschaftler und der Buddha stimmen darin überein, dass nichts, was wir tun, von Dauer ist. In der Tat, unsere Welt ist noch durch sehr viel größere Katastrophen gegangen als jene, die wir gegenwärtig anrichten. Periodische Vulkanausbrüche, die sich über eine Million Jahre erstreckten, haben ebenso wie verheerende Asteroideneinschläge diesen Planeten so verwüstet, dass nahezu alles Leben ausgelöscht war. Des ungeachtet wird das Leben, das so fantastisch belastbar ist, ständig in irgendeiner unerwarteten, fruchtbaren Inkarnation wiedergeboren. In einer Region entwickeln sich riesengroße Reptilien und in einer anderen grandiose Säugetiere. Das geheimnisvolle, wunderbare Leben hat sich schon früher immer wieder regeneriert und wird es auch künftig tun.

So wie kein Mensch ewig lebt, wird auch keine Gattung dem Aussterben entgehen, und wir bilden da keine Ausnahme. Aber lebendig zu sein, daran erinnert uns Thich Nhat Hanh so wortgewandt in diesem Buch, ist ein Segen, den wir in Ehren halten und wertschätzen sollten. Wenn wir erkennen, dass wir Teil eines lebendigen Schauspiels sind – eines

Schauspiels, das sich ständig erneuert, ganz gleich wie tief die erlittenen Wunden sind –, kann uns das großen Frieden schenken. Aber diese Sichtweise befreit uns nicht von unserer Verantwortung, auf der höchstmöglichen Ebene des Gewahrseins zu leben und zu handeln. Im Gegenteil, und wie eines dieser erhellenden Paradoxa, mit denen ein Buddhist wie Thich Nhat Hanh so geschickt umzugehen weiß, verdeutlicht, erwächst die wahre Freiheit von den Beschränkungen des physischen Bereichs gerade aus unserem bewussten Umgang mit diesem Bereich.

An einem klaren, kalten Nachmittag im November 2003 stand ich mit fünf bewundernswert engagierten Menschen am Rande eines tiefen Tales. Wir befanden uns nördlich von Cheorwon in der südkoreanischen Provinz Gangwon und betrachteten einen der schönsten und Schrecken erregendsten Orte auf dieser Erde. Unter uns befand sich die entmilitarisierte Zone – ein vier Kilometer breiter Korridor, der die ganze koreanische Halbinsel durchschneidet. Seit fünfzig Jahren hält er zwei der weltweit größten und feindseligsten Armeen davon ab, sich gegenseitig umzubringen.

Jede Seite kann ganz deutlich in den Hügeln die Bunker der anderen sehen, voller todbringender Waffen, die bei einer Provokation sofort abgefeuert würden. Verstärkt wird diese Tragödie durch die traurige Ironie, dass diese Todfeinde dieselbe Geschichte, dieselbe Sprache und dieselben Ahnen teilen.

Sie teilen aber auch ein Wunder der Natur. Nach einem halben Jahrhundert ist das verlassene Niemandsland aus ehemaligen Reisfeldern und Dörfern zur Wildnis geworden. Ohne jede Absicht ist hier eines der wichtigsten Naturschutzgebiete Asiens entstanden. Zu den gefährdeten Arten, die von diesem Reservat abhängig sind, gehört der Mandschurenkranich, der im ganzen Orient verehrt wird. Nach dem

Schreikranich ist er die weltweit zweitseltenste Kranichart. Als ein Symbol der Langlebigkeit und eine Manifestation der edlen Tugenden konfuzianischer Gelehrter und buddhistischer Mönche ist er auf Gemälden und Seidengewändern dargestellt. Die meisten dieser legendären Vögel überwintern jetzt in der entmilitarisierten Zone. Meine Gastgeber waren Forscher und Mitarbeiter einer koreanischen Umweltbewegung, der „Korean Federation of Environmental Movement". Gemeinsam beobachteten wir, wie elf Mandschurenkraniche – mit kirschroten Hauben, schwarzen Extremitäten, aber ansonsten so rein und weiß wie die Unschuld selbst – geräuschlos zwischen den verfeindeten nord- und südkoreanischen Streitkräften dahin glitten. Gelassen ließen sie sich zum Füttern ihrer Jungen im Schilf nieder.

Da es nur noch 1500 dieser Kraniche gibt, war es aufregend, Nachwuchs zu sehen. Als privilegierte Zeugen dieses Geschehens konnten wir dennoch nicht vergessen – und uns noch weniger mit der Tatsache versöhnen –, dass dieser viel versprechende Brutplatz seine Existenz einem ungelösten Krieg verdankt. Für den Fall eines Friedens zwischen beiden Ländern gibt es Planungen für eine städtische Entwicklung im Süden und Industrieparks im Norden, welche das Leben der inzwischen in diesem Areal lebenden Tiere nicht mit einbeziehen. Die Wiedervereinigung Koreas könnte für die Mandschurenkraniche den Verlust ihres Lebensraums bedeuten, was den Genpool dieser Art möglicherweise so schrumpfen ließe, dass die ganze Gattung zum Aussterben verurteilt wäre.

Es sei denn, die koreanischen Machthaber erkennen, dass mitten im Leid dieses geteilten Landes eine große Chance verborgen liegt. Ein wachsendes Bündnis von Forschern aus aller Welt, einschließlich meiner Gastgeber, hat vorgeschlagen, die entmilitarisierte Zone zu einem internationalen

Friedenspark zu erklären. Es wäre ein Geschenk des Lebens an unsere Erde, wenn dieser Zufluchtsort für zahlreiche wertvolle Geschöpfe bewahrt werden könnte. Durch den Erhalt dieses gemeinsamen Gebietes würden die beiden Koreas nicht nur viele unersetzbare Arten retten, sondern sich auch noch ein hohes Maß internationalen Wohlwollens verdienen.

Ich fragte meine Begleiter, ob sie glaubten, dass sich dies verwirklichen ließe.

„Wir werden nie aufhören, es zu versuchen."

Drei Tage später wurde mir aber die große Herausforderung sehr deutlich, der sie sich gegenübersehen, als einer von ihnen mich zu einem buddhistischen Tempel in den Bergen nördlich von Seoul mitnahm. Hier steht eines der ältesten koreanischen Zen-Klöster. Es ist ein Ort, an dem Mönche und Umweltschützer gleichermaßen dafür kämpfen, dass dieses Kloster aus Planungen ausgenommen wird, neue achtspurige Autobahnringe um die sich immer mehr ausdehnende Hauptstadt zu bauen, von denen einer dieses alte, heilige Land direkt untertunneln soll.

Skandalös, ohne Zweifel. Dennoch fragte ich den obersten Mönch dieses Klosters, ob ihr Kampf, dieses Heiligtum zu retten, nicht im Widerspruch stehe zu dem buddhistischen Prinzip der Nicht-Anhaftung an materielle Dinge. Würde dann aber nicht tatsächlich auch das Ethos eines Umweltaktivisten wie mein Begleiter einer war, der am kostbaren Leben dieses Planeten hängt und es mutig verteidigt, ein Hindernis für seinen spirituellen Fortschritt sein? Wenn der Buddhismus Unbeständigkeit und Vergänglichkeit lehrt, erscheint da nicht der Impuls, die Umwelt zu schützen, sinnlos?

Es ist wahr, antwortete der Mönch, dass unsere Welt unbeständig ist. Doch, so fügte er hinzu, genauso wie wir uns um die Gesundheit und Reinheit unseres Körpers zu kümmern haben, wenn wir Erleuchtung anstreben, haben wir die Pflicht, diesen Planeten wertzuschätzen und zu schützen, während wir auf ihm leben.

Ich ahnte, dass in diesem Paradoxon eine komplexe Lektion enthalten war. Bevor ich ging, richtete ich noch eine weitere Frage an den Mönch. In einer großen Halle, unterhalb seiner Räumlichkeiten, in denen wir Tee tranken, saßen Schüler auf dem Holzboden und sangen. Ich hatte bereits bei unserer Ankunft einen Blick in den Raum geworfen. Er war mit handgeschnitzten Drachen und vergoldeten Bodhisattvas geschmückt. Für eine Weile blieb ich dort stehen und lauschte. Obgleich ich nichts verstand, rührte der Gesang etwas in mir an.

„Was singen die Mönche?“, fragte ich.

„Es ist das *Diamant-Sutra*.“

„Und was bedeutet es?“

Er erklärte mir, dass das, was als Form erscheine, in Wirklichkeit Leerheit sei, aber dass auch Leerheit Form habe. Ich verstand das nicht und sagte es ihm.

„Vielleicht sollten Sie mehr lauschen.“

In seinem neuen Buch lädt uns Thich Nhat Hanh ein zu lauschen. Für ihn stellt das *Diamant-Sutra* so etwas wie die Essenz der Tiefenökologie dar, denn es beschreibt, dass nichts als ein eigenständiges Selbst existiert, weil alles von allem anderen abhängig und mit allem verbunden ist. So wie eine Blume nicht ohne die Sonne existieren kann, die ihr die Energie zum Lebendigsein gibt, nicht ohne den Boden, der sie nährt, nicht ohne die Insekten, die sie bestäuben, nicht ohne den Regen, der sie wässert, können wir Menschen ebenso wenig getrennt von allen anderen Wesen existieren. Das *Diamant-Sutra* lehrt uns, wie Thich Nhat Hanh erklärt, dass es eine traurige Beschränkung unseres wahren Wesens wäre, wenn wir uns nur als Menschen verstünden. Wir stammen nicht allein von unseren menschlichen Vorfahren ab, sondern auch von tierischen und pflanzlichen. Ja, von der Erde selbst stammen wir ab, denn deren mineralische Bausteine sind auch die unseren.

In einem Abschnitt des Buches, der mir ähnlich unvergessen bleiben wird wie der Gesang der Mönche im Tempel, erinnert uns Thich Nhat Hanh daran, dass auch wir einmal Felsen, Wolken und Bäume gewesen sind. „Wir Menschen sind eine sehr junge Gattung. Wir sollten uns an unsere früheren Daseinsformen erinnern und demütig sein."

Die Demut, die er beschreibt, ist eine Ermahnung, nicht nur menschliche Intelligenz zu respektieren, sondern ebenso das Wissen einer Orchidee, die so ungemein faszinierende Blüten hervorzubringen vermag, oder die Fähigkeit einer Schnecke, ein makelloses Schneckenhaus zu bauen. Respektieren bedeutet aber nicht nur, sich vor einem Schmetterling oder einer Magnolienblüte zu verbeugen oder über die Wunder einer Eiche friedlich zu meditieren. *Die Welt ins Herz schließen* ruft uns auch zur Handlung auf. Der Untertitel des Buches – *Buddhistische Wege zu Ökologie und Frieden* – deutet darauf hin, dass die zwei Bereiche Meditation und Handlung untrennbar zusammengehören. So wie die beiden sich noch feindlich gegenüberstehenden Teile Koreas die Gelegenheit haben, nicht nur der Welt ein Geschenk zu machen, sondern sich gegenseitig näher zu kommen, so erhalten auch wir in dieser Krise, die unseren ganzen Planeten gefährdet, die Chance, uns in dieser gemeinsamen Sache zu verbinden, die so viel größer ist als all unsere vermeintlichen Unterschiede.

Die Umwelt vereinigt die Menschen aller Nationen und Glaubensbekenntnisse. Scheitern wir daran, sie zu retten, werden wir alle umkommen. Wenn wir uns aber erheben, um ihre Bedürfnisse zu erfüllen, werden wir und alle, denen wir ökologisch verbunden sind – andere Menschen, andere Gattungen und alle anderen Dinge –, gemeinsam überleben. Und das bedeutet Frieden.

Teil Eins

Ein kollektives Erwachen

Erstes Kapitel
Die Glocken der Achtsamkeit

Die Glocken der Achtsamkeit rufen uns zu, versuchen uns aufzuwecken, sie erinnern uns daran, genau hinzuschauen, welche Auswirkungen unsere Lebensweise auf diesen Planeten hat.

Die Glocken der Achtsamkeit ertönen. Überall auf der Erde erleben wir Überschwemmungen, immer längere Dürreperioden und verheerende Flächenbrände. In der Arktis schmilzt das Eis, während anderer Orts Tausende durch Wirbelstürme oder Hitzewellen getötet werden. Die Wälder schwinden und die Wüsten dehnen sich aus. Tagtäglich sterben ganze Arten aus, und doch konsumieren wir weiter und missachten den Klang der Glocken.

Wir alle wissen, dass unser schöner, grüner Planet in Gefahr ist. Die Art und Weise, wie wir über diese Erde gehen, hat einen großen Einfluss auf Tiere und Pflanzen. Doch wir verhalten uns so, als ob unser Alltagsleben nichts mit dem Zustand der Welt zu tun hätte. Wir sind wie Schlafwandler, die nicht wissen, was sie tun oder wohin sie unterwegs sind. Ob wir erwachen können oder nicht, hängt davon ab, ob wir achtsam über unsere Mutter Erde zu gehen vermögen. Die Zukunft allen Lebens, einschließlich unseres eigenen, hängt von unseren achtsamen Schritten ab. Wir müssen die Glocken der Achtsamkeit hören, die überall auf unserem Planeten zu hören sind. Wir müssen lernen, so zu leben, dass für unsere Kinder und Enkelkinder eine Zukunft möglich sein wird.

Ich habe den Buddha über die Erderwärmung zu Rate gezogen. Seine Lehre ist sehr klar und eindeutig. Wenn wir weiterhin so leben, wie wir es bisher getan haben, und ohne irgendeinen Gedanken an die Zukunft einfach konsumieren, unsere Wälder zerstören und gefährliche Mengen von Kohlendioxid ausstoßen, dann wird ein verheerender Klimawandel unvermeidbar sein. Unser Ökosystem wird größtenteils zerstört werden. Der Meeresspiegel steigt an und die Küstenstädte werden überflutet werden. Hunderte Millionen Menschen werden zu Flüchtlingen, was zu Kriegen und zum Ausbruch ansteckender Krankheiten führen wird.

Wir brauchen eine Art kollektiven Erwachens. Es gibt unter uns Männer und Frauen, die bereits aufgewacht sind, doch das genügt nicht, denn die meisten Menschen schlafen immer noch. Wir haben ein System geschaffen, das wir nicht kontrollieren können, das uns beherrscht und dessen Sklaven und Opfer wir geworden sind. Die meisten von uns, die ein Haus, ein Auto, einen Kühlschrank, einen Fernseher und so weiter haben wollen, müssen dafür ihre Zeit und ihr Leben opfern. Wir stehen ständig unter Zeitdruck. Früher war es uns noch möglich, drei Stunden in einer entspannten, spirituellen Atmosphäre mit einer Tasse Tee in Gesellschaft von Freundinnen und Freunden zu verbringen. Wir konnten ein Fest veranstalten, um das Blühen einer einzigen Orchidee in unserem Garten zu feiern. Aber heute können wir uns das alles nicht mehr leisten. „Zeit ist Geld!", heißt unser Motto. Wir haben eine Gesellschaft geschaffen, in der die Reichen immer reicher und die Armen immer ärmer werden; eine Gesellschaft, in der wir so in unsere eigenen unmittelbaren Probleme verstrickt sind, dass wir nicht gewahr sind, was mit dem Rest der Menschenfamilie oder unserem Planeten Erde geschieht. Ich muss da an Hühner in einem Käfig denken, die sich erbittert über einige Körner streiten und denen gar nicht bewusst ist, dass sie in wenigen Stunden alle geschlachtet werden.

In China, Indien, Vietnam und anderen Schwellen- oder Entwicklungsländern träumen die Menschen noch immer den „amerikanischen Traum", als ob dessen Erfüllung das letzte Ziel der Menschheit wäre: Jeder muss ein eigenes Auto haben, ein eigenes Bankkonto, ein eigenes Mobiltelefon, einen eigenen Fernseher. In 25 Jahren wird die Einwohnerzahl Chinas auf 1,5 Milliarden Menschen gestiegen sein. Wenn jeder von ihnen ein eigenes Auto fahren möchte, wird China tagtäglich rund 16 Milliarden Liter Öl benötigen. Aber die Weltproduktion liegt augenblicklich nur bei zirka 13 Milliarden Liter am Tag. Demzufolge ist für China, Indien oder Vietnam der amerikanische Traum nicht zu verwirklichen. Er wird nicht einmal mehr für die Amerikaner möglich sein. Wir können nicht so weiter leben wie bisher. Solch eine Wirtschaft ist nicht zukunftsfähig.

Wir müssen einen anderen Traum träumen, einen Traum von Brüderlichkeit, Schwesterlichkeit, von liebender Güte und Mitgefühl. Ein solcher Traum ist im Hier und Jetzt zu verwirklichen. Wir haben die Lehre des Buddha, wir verfügen über die Mittel und genügend Weisheit, um diesen Traum leben zu können. Das Herz des Erwachens, der Erleuchtung, ist Achtsamkeit. Wir üben uns in achtsamem Atmen, damit wir im gegenwärtigen Augenblick verweilen und erkennen können, was in uns und um uns herum geschieht. Wenn das, was in uns geschieht, Verzweiflung ist, müssen wir das erkennen und sofort handeln. Vielleicht möchten wir diesem geistigen Gebilde nicht gerne begegnen, aber es ist Wirklichkeit, und diese Wirklichkeit müssen wir zunächst einmal anerkennen, um sie dann umwandeln zu können.

Wir müssen wegen der gegenwärtigen Erderwärmung nicht in Verzweiflung geraten, wir können etwas dagegen tun. Setzen wir nur unsere Unterschrift unter eine Petition und vergessen das Ganze dann gleich wieder, ist nicht viel geholfen. Sowohl auf der persönlichen als auch auf der kollektiven Ebene sind entschiedene Maßnahmen erforderlich. Wir alle haben den großen Wunsch, in Frieden und Nachhaltigkeit, was unsere Umwelt angeht, zu leben. Aber die meisten von uns wissen nicht, wie sie ihr Engagement für eine zukunftsfähige Lebensweise konkret in ihrem Alltagsleben realisieren können. Wir haben uns noch nicht organisiert. Wir können nicht allein Regierungen und Unternehmen für die Chemikalien verantwortlich machen, die unser Trinkwasser verunreinigen, für die Gewalt in unserer Umgebung oder die Kriege, die so viele Menschenleben zerstören. Es ist Zeit für jede und jeden Einzelnen von uns, aufzuwachen und im eigenen Leben Veränderungen herbeizuführen.

Wir sind Zeugen der uns umgebenden Gewalt, Korruption und Zerstörung. Wir alle wissen, dass die gegenwärtigen Gesetze den Aberglauben, die Unmenschlichkeit und den Machtmissbrauch nicht wirksam zu bekämpfen vermögen. Nur Vertrauen und Entschlossenheit können uns davor bewahren, in tiefe Verzweiflung zu fallen.

Der Buddhismus ist die stärkste Form des Humanismus, die wir haben. Durch ihn können wir lernen, ein Leben in Verantwortung, liebender Güte und Mitgefühl zu führen. Jeder buddhistisch Praktizierende sollte Umweltschützer sein. Wir haben die Macht, über das Schicksal unseres Planeten zu entscheiden. Wenn wir zu unserer gegenwärtigen Situation erwachen, wird dies in unserem kollektiven Bewusstsein einen Wandel bewirken. Wir müssen etwas tun, um die Menschen aufzuwecken. Wir müssen dem Buddha helfen, die Menschen erwachen zu lassen, die in einem Traum leben.

Zweites Kapitel
Eine globale Ethik

Der Pfad der Brüderlichkeit und Schwesterlichkeit ist kostbarer als jede Ideologie oder Religion.

Alles entwickelt und verändert sich ständig, selbst der Buddha verändert sich. Wenn wir genau hinschauen, können wir erkennen, dass die Leiden unserer Zeit sich von denen zu Zeiten Siddharthas unterscheiden. Folglich sollten sich auch unsere Praxismethoden unterscheiden. Und darum muss sich der Buddha in uns ebenfalls weiterentwickeln, damit er in unserer Zeit noch von Bedeutung sein kann.

Der Buddha unserer Zeit kann ein Telefon benutzen, sogar ein Handy, aber er hängt nicht daran, er ist frei davon. Der Buddha unserer Zeit weiß Erderwärmung und ökologische Schäden zu verhindern. Er wird die Schönheit dieses Planeten nicht zerstören oder seine Zeit damit verschwenden, mit anderen zu wetteifern.

Der Buddha unserer Tage möchte der Welt eine globale Ethik anbieten, so dass jeder sich einem guten Weg anschließen kann. Globale Harmonie ist nur mit einer globalen Ethik möglich. Der Buddha unserer Zeit möchte die Harmonie wieder herstellen, Brüderlichkeit und Schwesterlichkeit fördern, alle Arten auf diesem Planeten schützen, das Abholzen der Wälder verhindern und den Ausstoß giftiger Gase reduzieren.

Da Sie selbst eine Fortführung des Buddha sind, können Sie dabei helfen, der Welt einen Weg anzubieten, der die Zerstörung des Ökosystems verhindert und das Ausmaß an Gewalt und Verzweiflung verringert. Es wäre sehr freundlich von Ihnen, den Buddha bei der Fortsetzung dessen zu unterstützen, was er vor 2600 Jahren begann.

Unsere Erde beherbergt eine Vielfalt von Lebensformen, und jede Art hängt von allen anderen Arten ab, um sich manifestieren und weiter bestehen zu können. Wir sind nicht nur außerhalb von allem anderen, wir sind auch innerhalb. Es ist sehr wichtig, die Welt in unseren Armen zu halten und in unserem Herzen zu tragen, diesen wunderschönen Planeten zu bewahren und alle Lebensformen zu schützen. Das *Lotos-Sutra* erwähnt den Namen einer besonderen Bodhisattva – Dharanimdhara. Ihr Name bedeutet „die Erde halten, schützen und bewahren" oder kurz: „Die Erdschützerin".

„Die Erdschützerin" verkörpert die Energie, die uns als Organismus zusammenhält. Sie ist eine Art Ingenieurin oder Architektin, deren Aufgabe es ist, Lebensraum für uns zu schaffen, Brücken zu errichten, damit wir von einer Seite auf die andere gelangen können, oder Wege zu ebnen, damit wir zu den Menschen gehen können, die wir lieben. Ihre Aufgabe ist es, die Verständigung zwischen Menschen und anderen Lebewesen zu fördern und die Umwelt zu schützen. Als der Buddha seine verstorbene Mutter Mahamaya aufsuchen wollte, war es – so heißt es – Dharanimdhara, die einen Weg für ihn errichtete, auf dem er reisen konnte. Obwohl diese Bodhisattva im *Lotos-Sutra* erwähnt wird, gibt es über sie kein eigenes Kapitel. Wir sollten diese Bodhisattva anerkennen und würdigen, um mit ihr zusammenzuarbeiten. Wir sollten alle mithelfen, ein neues Kapitel für sie zu schaffen, weil diese Epoche der Globalisierung sie so dringend braucht.

Betrachten Sie eingehend eine Orange, erkennen Sie, dass alles an ihr zu ihrem Bestehen beiträgt. Nicht nur die einzelnen Schnitze der Orange gehören zu ihr, auch Schale und Kerne sind Teil der Frucht. Wir nennen das den universellen Aspekt einer Orange. Alles an der Orange ist Orange, aber die Schale bleibt die Schale, die Kerne bleiben die Kerne und die Schnitze bleiben die Schnitze. Das Gleiche gilt für unsere Welt. Obgleich wir eine Weltgemeinschaft geworden sind, werden die Franzosen weiterhin Franzosen bleiben, die Japaner bleiben Japaner, Buddhisten bleiben Buddhisten und Christen bleiben Christen. Die Schnitze einer Orange müssen sich nicht in die Schale verwandeln, damit Harmonie entstehen kann.

Harmonie ist aber ohne eine globale Ethik nicht möglich, und die globale Ethik, die der Buddha entwarf, wird die „Fünf Achtsamkeitsübungen" genannt. „Die Fünf Achtsamkeitsübungen" sind der Pfad, dem wir in dieser Zeit weltweiter Krise folgen sollten, denn sie sind die Praxis von Schwesterlichkeit, Brüderlichkeit, Verstehen und Liebe. Sie sind die Praxis, uns selbst und unseren Planeten zu schützen. Diese Achtsamkeitsübungen sind konkrete Umsetzungen der Achtsamkeit. Sie tragen nicht den Stempel irgendeiner Religion, Kultur oder Ideologie. Sie sind ihrer Natur nach universell. Wir betonen immer wieder, dass Menschen keine Buddhisten sein müssen, um diese Achtsamkeitsübungen zu praktizieren. Man kann sie auch als Christ, Jüdin oder Muslim anwenden, oder als Franzose, Japanerin, Chinese oder Amerikanerin. Alles, was unsere Achtsamkeit erwecken kann, alles, was Verstehen, gegenseitige Akzeptanz und Liebe hervorbringt, gehört zum Buddhismus, auch dann, wenn es ohne buddhistische Begrifflichkeiten auskommt. Vielleicht möchten Sie Ihre Freundinnen und Freunde inspirieren, zu ihren eigenen Wurzeln zurückzukehren und das

Äquivalent der „Fünf Achtsamkeitsübungen" in ihrer Tradition zu entdecken, ob es sich nun um den Islam, das Judentum, das Christentum oder eine andere Tradition handelt.

Wenn Sie die „Fünf Achtsamkeitsübungen" praktizieren, werden Sie ein Bodhisattva und helfen dabei, Harmonie herzustellen, die Umwelt zu schützen, Frieden zu sichern und Brüderlichkeit und Schwesterlichkeit zu kultivieren. Auf diese Weise bewahren Sie nicht nur die Schönheit Ihrer eigenen Kultur, sondern auch die anderer Kulturen, und die Schönheit dieser Erde. Mit den „Fünf Achtsamkeitsübungen" im Herzen sind Sie bereits auf dem Weg der Heilung und Transformation.

Die Fünf Achtsamkeitsübungen

Die erste Übung: **Achtung des Lebens**

Im Bewusstsein des Leidens, das durch die Zerstörung von Leben entsteht, bin ich entschlossen, Mitgefühl zu entwickeln und Wege zu erlernen, das Leben von Menschen, Tieren, Pflanzen und Mineralien zu schützen.

Ich bin entschlossen, nicht zu töten, es nicht zuzulassen, dass andere töten, und keine Form des Tötens zu unterstützen, weder in der Welt noch in meinen Gedanken oder in meiner Lebensweise.

Die zweite Übung: **Großzügigkeit**

Im Bewusstsein des Leidens, das durch Ausbeutung, soziale Ungerechtigkeit, Diebstahl und Unterdrückung entsteht, bin ich entschlossen, liebende Güte zu entwickeln und Wege zu erlernen, für das Wohlergehen der Menschen, Tiere, Pflanzen und Mineralien tätig zu sein. Ich will Großzügigkeit praktizieren, indem ich meine Zeit, Energie und materiellen Mittel mit denen teile, die sie wirklich brauchen. Ich bin entschlossen, nicht zu stehlen und nichts zu besitzen, was anderen zusteht. Ich will das Eigentum anderer achten, aber auch andere davon abhalten, sich an menschlichem Leiden oder dem Leiden anderer Lebensformen auf der Erde zu bereichern.

Die dritte Übung: **Sexuelle Verantwortung**

Im Bewusstsein des Leidens, das durch sexuelles Fehlverhalten entsteht, bin ich entschlossen, Verantwortungsbewusstsein zu entwickeln und Wege zu erlernen, die Sicherheit und Integrität von Individuen, Paaren, Familien und der Gesellschaft zu schützen. Ich bin entschlossen, keine sexuellen Beziehungen einzugehen ohne Liebe und die Bereitschaft zu einer langfristigen und verantwortlichen Bindung. Um mein eigenes Glück und das der anderen zu bewahren, bin ich entschlossen, meine Bindungen und die anderer zu respektieren. Ich will alles tun, was in meiner Macht steht, um Kinder vor sexuellem Missbrauch zu schützen und um zu verhindern, dass Paare und Familien durch sexuelles Fehlverhalten auseinander brechen.

Die vierte Übung: Aufmerksames Zuhören und liebevolles Sprechen

Im Bewusstsein des Leidens, das durch unachtsame Rede und aus der Unfähigkeit, anderen zuzuhören, entsteht, bin ich entschlossen, liebevolles Sprechen und Zuhören zu entwickeln, um anderen Freude und Glück zu bereiten und ihre Leiden lindern zu helfen. In dem Wissen, dass Worte sowohl Glück als auch Leiden hervorrufen können, bin ich entschlossen, nichts Unwahres zu sagen und Worte zu gebrauchen, die Selbstvertrauen, Freude und Hoffnung fördern. Ich werde keine Nachrichten verbreiten, ohne ganz sicher zu sein, dass sie der Wahrheit entsprechen, und werde nichts kritisieren oder verurteilen, worüber ich nichts Genaues weiß. Ich will Äußerungen unterlassen, die Uneinigkeit oder Zwietracht verursachen oder die dazu führen können, dass Familien oder Gemeinschaften zerbrechen.

Ich bin entschlossen, alle Anstrengungen zur Versöhnung und Lösung aller Konflikte zu unternehmen – so klein sie auch sein mögen.

Die fünfte Übung:
Achtsamer Umgang mit Konsumgütern

Im Bewusstsein des Leidens, das durch unachtsamen Umgang mit Konsumgütern entsteht, bin ich entschlossen, auf körperliche und geistige Gesundheit zu achten – bei mir selbst, bei meiner Familie und meiner Gesellschaft – indem ich achtsames Essen, Trinken und Konsumieren praktiziere. Ich will nur das zu mir nehmen, was den Frieden, das Wohlbefinden und die Freude in meinem Körper, meinem Bewusstsein und im kollektiven Körper und Bewusstsein meiner Familie und Gesellschaft erhält. Ich bin entschlossen, weder Alkohol noch andere Rauschmittel zu mir zu nehmen und keine Nahrungsmittel oder andere Dinge zu konsumieren, die Gifte enthalten, wie zum Beispiel bestimmte Fernsehprogramme, Zeitschriften, Bücher, Filme und Gespräche. Ich bin mir bewusst, dass ich das Vertrauen meiner Vorfahren, meiner Eltern, meiner Gesellschaft und zukünftiger Generationen missbrauche, wenn ich meinen Körper oder mein Bewusstsein derart schädigenden Einflüssen aussetze.
Ich werde daran arbeiten, Gewalt, Angst, Ärger und Verwirrung in mir selbst und in der Gesellschaft zu transformieren, indem ich angemessene körperliche und geistige Nahrung zu mir nehme. Ich weiß, dass eine bewusste Lebensweise entscheidend ist für meine eigene Veränderung und für die Veränderung der Gesellschaft.

In der ersten Achtsamkeitsübung geloben wir, alles Leben auf der Erde wertzuschätzen und keine Art des Tötens zu unterstützen. In der zweiten versprechen wir, uns in Großzügigkeit zu üben und keine Form sozialer Ungerechtigkeit und Unterdrückung zu unterstützen. In der dritten Achtsamkeitsübung gehen wir die Verpflichtung ein, uns in unseren Beziehungen verantwortungsvoll zu verhalten und sexuelles Fehlverhalten zu vermeiden. Die vierte Achtsamkeitsübung fordert uns auf, liebevolles Sprechen und tiefes Zuhören zu kultivieren, um die Leiden unserer Mitmenschen zu lindern.

In der fünften Achtsamkeitsübung geht es um achtsames Konsumieren und achtsames Essen. Sie ist der Ausweg aus der schwierigen Situation, in der sich unsere Welt gerade befindet. Wenn wir die fünfte Achtsamkeitsübung praktizieren, erkennen wir genau, was wir konsumieren bzw. nicht konsumieren dürfen, wenn wir Körper, Geist und unsere Erde gesund halten und weder uns noch anderen Leid zufügen wollen. Achtsames Konsumieren ist der Weg, uns und die Welt zu heilen. Indem wir diese Übung befolgen, können wir als spirituelle Familie und als Menschenfamilie dazu beitragen, die Erderwärmung zu stoppen. Machen wir uns bewusst, dass in jeder und jedem von uns die Bodhisattva ist, welche die Erde hält. Wir sollten selbst zu ihren Händen und Armen werden, um schnell handeln zu können.

Sie haben vielleicht schon einmal davon gehört, dass Gott in uns oder dass der Buddha in uns sei. Aber für die meisten von uns sind solche Vorstellungen viel zu abstrakt. Wir haben nur eine sehr unklare Vorstellung davon, was Gott oder Buddha tatsächlich ist. Der buddhistischen Tradition zufolge wohnt Buddha in uns als Energie – als Energie der Achtsamkeit, Energie der Konzentration, und als Energie der Einsicht – eine Energie, die Verstehen, Mitgefühl, Liebe,

Freude, Zusammengehörigkeit und Nichtunterscheidung hervorbringt. Einige unserer Freundinnen und Freunde in der christlichen Tradition sprechen vom Heiligen Geist als der Energie Gottes. Wo immer der Heilige Geist ist, da gibt es Heilung und Liebe. In gleicher Weise können wir von Achtsamkeit, Konzentration und Einsicht sprechen. Aus der Energie der Achtsamkeit, Konzentration und Einsicht erwachsen Verstehen, Mitgefühl, Vergebung, Freude, Verwandlung und Heilung. Das ist die Energie eines Buddha. Wenn Ihnen diese Energie innewohnt, dann sind Sie ein Buddha, zumindest für diesen Augenblick. Und diese Energie kann kultiviert werden und sich dann vollständig in Ihnen entfalten.

Drittes Kapitel
Ernährungsweisen für einen achtsamen Planeten

Der Buddha erzählte seinen Mönchen einst folgende Geschichte:

> *Ein Paar durchquerte mit seinem Sohn eine ausgedehnte Wüste, weil es in einem anderen Land Asyl suchen wollte. Doch die Eltern hatten nicht gut geplant, und schon auf halber Wegstrecke durch die Wüste ging ihnen das Essen aus. Als die Eltern erkannten, dass sie alle drei in der Wüste würden sterben müssen, trafen sie eine schreckliche Entscheidung: Sie entschlossen sich, ihren Sohn zu töten und zu essen. Jeden Morgen aßen sie einen Bissen von seinem Fleisch, gerade genug, damit sie die Energie hatten, ein Stück weiter zu gehen, doch dabei weinten sie die ganze Zeit: „Wo ist unser kleiner Junge?" Sie trugen den Rest seines Fleisches auf ihren Schultern, damit es in der Sonne weiter trocknen konnte. Jeden Abend sahen sich die beiden an und fragten: „Wo ist wohl unser geliebter Sohn jetzt?" Und sie weinten, rissen sich die Haare aus und schlugen sich mit den Fäusten auf die Brust. Schließlich hatten sie die Wüste durchquert und waren in dem neuen Land angekommen.*

Als der Buddha seine Geschichte beendet hatte, fragt er die Mönche: „Glaubt ihr, dieses Paar hat das Fleisch seines Sohnes gern gegessen?“

„Nein“, erwiderten die Mönche. „Die Eltern haben schrecklich darunter gelitten, das Fleisch ihres Kindes essen zu müssen.“

Und der Buddha sagte: „Wir müssen so essen, dass wir in unserem Herzen Mitgefühl bewahren. Wir müssen in Achtsamkeit essen. Sonst werden wir das Fleisch unseres eigenen Kindes verzehren.“

Im *Sutra über das Fleisch des Sohnes* lehrt uns der Buddha, wie wir achtsames Konsumieren üben können, um unsere Zukunft zu sichern. Unsere Zukunft können wir immer schon in unserer Gegenwart erblicken. So wie die Gegenwart aussieht, wird vermutlich auch die Zukunft aussehen, denn die Zukunft besteht aus der Gegenwart. Um also unsere Zukunft zu sichern, müssen wir in der Gegenwart Veränderungen vornehmen. Wenn wir das *Sutra über das Fleisch des Sohnes* in unserem täglichen Leben anwenden, werden wir uns und unseren Planeten retten können.

Die Situation, in der sich die Erde gegenwärtig befindet, ist durch unachtsames Produzieren und unachtsames Konsumieren geschaffen worden. Wir tun unserer Heimat Gewalt an, wir sind mit Erderwärmung und katastrophalen klimatischen Veränderungen konfrontiert. Wir haben eine Umgebung geschaffen, die Gewalt, Hass, Diskriminierung und Verzweiflung fördert.

In unserer modernen Zeit glauben die Leute, ihr Körper gehörte ihnen und sie könnten alles mit ihm tun. „Wir haben das Recht, unser eigenes Leben zu führen“, so sagen sie. Das Gesetz unterstützt eine solche Aussage, die eine der Manifestationen des Individualismus ist. Doch den Lehren des Buddha zufolge ist Ihr Körper gar nicht Ihrer. Ihr Körper gehört Ihren Vorfahren, Ihren Eltern und künftigen Generationen. Er gehört auch der Gesellschaft und allen anderen Lebewesen. Die Bäume, Wolken, die Erde, sie alle sind notwendig, um die Präsenz dieses Körpers hervorzubringen. Unser Körper ist wie die Erde. Und das ist die Bodhisattva Erdschützerin, die alles zusammenhält.

Den eigenen Körper gesund zu erhalten, ist ein Weg, dem ganzen Kosmos, all unseren Vorfahren und den zukünftigen Generationen gegenüber Dankbarkeit und Loyalität zum Ausdruck zu bringen. Sind wir gesund, können davon alle profitieren – nicht nur Menschen, sondern auch Tiere, Pflanzen und Mineralien. Das ist ein Bodhisattva-Gebot. Praktizieren wir die „Fünf Achtsamkeitsübungen", beschreiten wir bereits den Pfad eines Bodhisattva.

Wir sind das, was wir konsumieren. Wenn wir eingehend betrachten, wie viel und was wir tagtäglich zu uns nehmen, werden wir uns sehr genau kennen lernen können. Wir müssen essen, trinken und konsumieren, doch wenn wir es unachtsam tun, dann zerstören wir möglicherweise unseren Körper und unser Bewusstsein und zeigen damit einen Mangel an Dankbarkeit gegenüber unseren Vorfahren, unseren Eltern und künftigen Generationen. Wir alle kennen die Situation, dass wir manchmal den Kühlschrank öffnen und etwas herausnehmen, das unserer Gesundheit nicht zuträglich ist. Wir sind intelligent genug, das zu sehen. Doch des ungeachtet essen wir es und versuchen damit, unsere innere Unruhe oder unser Unbehagen zuzudecken. Wir konsumieren, um unsere Sorgen und Ängste zu vergessen. Die Praxis, die der Buddha empfahl, besteht darin, ein auftauchendes Gefühl der Angst oder Furcht nicht durch Konsumieren zu unterdrücken. Stattdessen sollten wir die Energie der Achtsamkeit einladen, sich zu manifestieren.

Praktizieren Sie achtsames Gehen und achtsames Atmen, um die Energie der Achtsamkeit zu erzeugen, und laden Sie diese Energie ein, sich um die Energie, die Sie leiden lässt, zu kümmern. Praktizieren wir nicht, dann haben wir nicht genügend Achtsamkeitsenergie für unsere Angst und unsere Wut, und dann konsumieren wir, um diese negativen Energien zu unterdrücken.

Der Buddha empfiehlt, dass jeder Mönch und jede Nonne eine Almosenschale hat, um auf Almosenrunde zu gehen. Der buddhistische Begriff für die Bettelschale ist „das Gefäß für das angemessene Maß". Weil die Schale genau die richtige Größe hat, wissen wir immer, wie viel wir essen. Wir essen nie zu viel, denn Überessen führt dazu, dass unser Körper krank wird. Fettleibigkeit ist mittlerweile in westlichen Gesellschaften zu einem ernsten gesundheitlichen Problem geworden, während die Menschen in ärmeren Ländern nicht genügend zu essen haben.[1] Wir ignorieren die Rolle des Maßhaltens. Achtsames Essen hilft uns zu wissen, was und wie viel wir essen sollten. Wir sollten uns nur das nehmen, was wir wirklich essen können. Ich schlage vor, dass sich die meisten von uns beim Essen weniger als gewohnt nehmen sollten. Wir sehen, dass Menschen, die weniger konsumieren, gesünder und freudvoller sind, und Menschen, die viel konsumieren, unter Umständen sehr leiden. Wenn wir sorgsam kauen und nur das essen, was gesund ist, werden wir unseren Körper oder unseren Geist nicht krank machen. Wir werden nicht das Fleisch unserer Vorfahren, unserer Kinder und deren Kinder essen.

---

1 Food First Policy, No 13, von Eric Holt-Giménez und Isabella Kenfield, März 2008. „Industrielle Landwirtschaft, die von multinationalen Konzernen dominiert wird, ist in großem Maße für die Schaffung eines globalen Nahrungssystems verantwortlich, bei dem eine Milliarde Menschen an Fettleibigkeit und 840 Millionen an Hunger leiden." Foodfirst.org/en/node/2064.

Essen wir achtsam, sind wir mit der Nahrung in tiefer Berührung. Das, was wir essen, gelangt durch die Natur, durch andere Lebewesen, durch den Kosmos zu uns. Berühren wir es mit unserer Achtsamkeit, zeigen wir dadurch unsere Dankbarkeit. In Achtsamkeit zu essen, kann eine große Freude sein. Wir nehmen das Essen mit unserer Gabel auf, betrachten es für einen Moment, bevor wir es in den Mund stecken und dann kauen wir es sorgfältig und achtsam, mindestens fünfzig Mal. Verfahren wir in dieser Weise, sind wir mit dem gesamten Kosmos in Berührung.

Es gibt Arten der Freude, die nährend und heilend sind, die uns Ruhe und Trost schenken, uns friedvoll machen und erfrischen und uns helfen, klar und luzid zu bleiben. Diese Art der Freude brauchen wir. Es gibt andere Arten der Freude, die uns unter Umständen später viel Leid bringen: die Freude, Ungesundes zu essen, Alkohol zu trinken, zu viel Süßes zu essen oder uns Gifte zuzuführen. Wir müssen zwischen diesen beiden Arten der Freude unterscheiden. Die einen sind heilend und nährend, die anderen destruktiv.

Das, was wir essen, kann uns die wechselseitige Verbundenheit, die Vernetzung des Universums, der Erde, aller Lebewesen und unserer selbst enthüllen. Jeder Bissen Gemüse, jeder Tropfen Salatöl, jedes Stückchen Tofu enthält das Leben der Sonne und der Erde. Wir können das gesamte Universum in einem Stück Brot erkennen und die Bedeutung und den Wert des Lebens in solchen kostbaren Bissen Nahrung schmecken.

Die Gelegenheit, mit unserer Familie und unseren Freundinnen und Freunden zusammen zu sitzen und ein wundervolles Essen zu genießen, ist etwas sehr Kostbares, etwas, das nicht allen vergönnt ist. Viele Menschen in dieser Welt sind hungrig. Wenn ich eine Reisschale oder ein Stück Brot in Händen halte, weiß ich, dass ich vom Glück begünstigt bin, und ich empfinde Mitgefühl für alle, die nichts zu essen haben oder die ohne Familie und Freunde sind. Das ist eine sehr tiefgreifende Praxis. Wir müssen dafür nicht in einen Tempel oder eine Kirche gehen. Wir können das direkt an unserem Esstisch praktizieren. Achtsames Essen lässt uns die Samen des Mitgefühls und des Verstehens kultivieren, die unsere Entschlossenheit stärken, etwas zu tun, damit hungrige Menschen genügend Nahrung haben.

Was wir außerdem tun können, ist zu überlegen, wie viel Fleisch wir essen. Mehr als 2.000 Jahre lang haben sich viele Buddhisten vegetarisch ernährt, um ihr Mitgefühl für die Tiere zu kultivieren.

Jetzt ist auch herausgefunden worden, dass eine vegetarische Ernährung eine der wirkungsvollsten Wege ist, den Hunger in der Welt und die Erderwärmung zu bekämpfen. Die industrielle Tierhaltung ist für einige der schlimmsten Umweltschäden auf diesem Planeten verantwortlich, so auch für ein Viertel der Treibhausgas-Emissionen.[2]

Unsere Art des Essens und der Nahrungsproduktion kann voller Gewalt gegenüber unserem Körper, anderen Gattungen und der Erde sein. Mutter Erde leidet sehr darunter, wie wir uns ernähren. Industrielle Tierproduktion ist die weltweit größte Ursache der Verunreinigung unserer Gewässer. Die Abfälle aus Tierfabriken und Schlachthäusern fließen in die Flüsse und das Trinkwasser. Allein in den USA wurden Hunderte von Millionen Morgen Wald abgeholzt, damit dort Getreide zur Tierfütterung angepflanzt werden kann. Die kostbaren

---

2 Livestock's Long Shadow: Environmental Issues and Options, Livestock, Environmental and Developement (Nov. 29, 2006), United Nations Food and Agriculture Organization (FAO).„ Der Viehsektor gehört zu den zwei oder drei signifikantesten Faktoren, die zu den gravierendsten Umweltproblemen beitragen, sowohl auf der lokalen als auch auf der globalen Ebene ... Der Anteil dieses Sektors an den Umweltproblemen ist gewaltig und sein potenzieller Anteil an deren Lösung ist ebenso groß. Die Auswirkungen sind so bedeutsam, dass man sich dringend darum kümmern sollte." http://www.virtualcentre.org/en/frame.htm

tropischen Regenwälder, die unseren Planeten kühl halten und Lebensraum für die meisten Pflanzen und Tiergattungen der Erde sind, werden niedergebrannt und gerodet, um Weideland für Rinder zu schaffen.

Viele Millionen Tonnen Getreide werden nicht für die menschliche Ernährung genutzt, sondern für die Fleisch- und die Alkoholproduktion. In einem Umweltschutz-Agenturbericht zur US-amerikanischen landwirtschaftlichen Getreideproduktion wird festgestellt, dass der *National Corn Grower Association* zufolge rund 80 Prozent des in den USA angebauten Getreides von der einheimischen oder überseeischen Vieh-, Geflügel- und Fischwirtschaft verwendet wird.[3]

Wenn Sie ein Stück Fleisch in den Händen halten und es eingehend und tief betrachten, werden Sie die große Menge an Getreide und Wasser erkennen, die nötig war, um dieses eine Stück Fleisch herzustellen. Auch für die Alkoholproduktion werden beträchtliche Mengen an Getreide und Wasser gebraucht. Tagtäglich verhungern zehntausende Kinder oder sterben an Mangelernährung; dieses Getreide könnte sie ernähren. Trinken wir achtsam Alkohol, sehen wir, dass wir das Blut unserer Kinder trinken. Wir essen unsere Kinder, unsere Mutter und unseren Vater. Wir essen die Erde auf.

Wir müssen Druck auf die Viehwirtschaft ausüben, damit sich etwas ändert. Wenn wir aufhören zu konsumieren, werden sie aufhören zu produzieren. Indem wir Fleisch essen, sind wir mitverantwortlich für den Klimawandel, die Vernichtung unserer Wälder und die Verunreinigung unserer Luft und unseres Wassers. Der einfache Akt, sich künftig vegetarisch zu ernähren, kann für die Gesundheit unseres

---

[3] www.epa.gov/oecaagct/ag101/cropmajor.html

Planeten einen Unterschied ausmachen. Sind Sie nicht in der Lage, ganz mit dem Fleischessen aufzuhören, können Sie sich dafür entscheiden, es deutlich zu reduzieren. Indem Sie bei Ihrer Ernährung zehn oder auch nur fünf Tage im Monat ohne Fleisch auskommen, werden sie bereits ein Wunder vollbringen – ein Wunder, das helfen wird, das Problem des Hungers in der sich immer schneller entwickelnden Welt zu lösen und den Ausstoß von Treibhausgasen entscheidend zu reduzieren.

Bei jedem Essen treffen wir Entscheidungen, die Mutter Erde helfen oder ihr schaden. „Was soll ich heute essen?", ist eine sehr tiefgreifende Frage. Vielleicht mögen Sie sich diese Frage jeden Morgen aufs Neue stellen. Sie werden eventuell herausfinden, dass Ihr Verlangen nach Fleisch und nach Alkohol schwindet, wenn Sie achtsames Konsumieren praktizieren.

In vielen buddhistischen Ländern leben Mönche und Nonnen vegetarisch. Auch viele Laienpraktizierende in China und Vietnam leben vegetarisch, und es gibt andere, die zehn Tage im Monat auf den Verzehr von Fleisch verzichten. Ich ersuche Sie dringend, Ihren Fleischkonsum um die Hälfte zu reduzieren. Während meines letzten Besuchs in den USA haben mir viele amerikanische buddhistisch Praktizierende erzählt, dass sie für sich die Verpflichtung eingegangen sind, mit dem Fleischessen aufzuhören oder die Hälfte weniger Fleisch zu essen. Es ist ein kollektives Erwachen, das gegenwärtig geschieht. Wenn wir die Verpflichtung für uns eingehen können, vegetarisch oder zumindest teilweise vegetarisch zu leben, werden wir ein Gefühl des Wohlbefindens erleben – wir werden Frieden, Freude und Glück erleben, von dem Augenblick an, da wir diese Verpflichtung eingehen. Unser kollektives Erwachen kann einen weltweiten Wandel herbeiführen.

Wir müssen achtsames Konsumieren praktizieren, um uns zu schützen, unsere Familien, unsere Gesellschaft und den Planeten. Kinder, Lehrerinnen, Lehrer und Eltern können achtsames Konsumieren praktizieren. Leiterinnen und Leiter von Organisationen und Gemeinschaften können achtsames Konsumieren praktizieren und andere ermutigen, ihrem Beispiel zu folgen. Als Bürgermeisterin oder Bürgermeister können Sie die Menschen Ihrer Stadt vor unachtsamem Konsumieren schützen, das weitere Gewalt und mehr Leiden in Ihrer Stadt hervorbringt. Selbst der Präsident der mächtigsten Nation der Welt kann ermutigt werden, achtsamer zu konsumieren. Auch ein Präsident hat Buddha-Natur – den Samen von Verstehen und Mitgefühl.

Wenn wir imstande sind, den Kokon unseres kleinen Selbst zu verlassen und zu erkennen, dass wir mit allen und allem verbunden sind, verstehen wir, dass jede unserer Handlungen auf die ganze Menschheit, den gesamten Kosmos einwirkt. Es ist ein Akt der Freundlichkeit und Güte gegenüber unseren Vorfahren, Eltern, künftigen Generationen und der Gesellschaft, wenn wir unseren Körper gesund erhalten. Gesundheit bedeutet aber nicht nur körperliche, sondern auch seelische Gesundheit. Achtsames Konsumieren führt zu Gesundheit und Heilung für uns und für unseren Planeten.

Es gibt andere Dinge neben dem Essen, die wir zu uns nehmen, und achtsames Konsumieren umfasst auch diese. In seiner *Lehrrede über die Vier Arten der Nahrung* spricht der Buddha über das Essen als nur eine der vier Arten unseres Konsumierens. Die zweite Art betrifft unsere Sinneseindrücke. Wir konsumieren durch unsere Augen, Ohren, unsere Nase, unseren Körper und unser Bewusstsein. Schauen wir uns einen Film an, lesen wir einen Zeitschriftenartikel, sehen wir eine Anzeige, lauschen wir einem Gespräch – wir konsumieren.

Manchmal ist das, was wir zu uns nehmen, Entspannungsmusik, es sind frische Gartengerüche oder die Schönheit der uns umgebenden Welt. Doch oft ist das, was wir zu uns nehmen, voller Gifte. Fahren Sie durch die Stadt, dann konsumieren Sie – die allgegenwärtige Werbung dringt in sie ein. Unterhalten Sie sich mit jemandem, dessen Worte voller Hass und Gewalt sind, dann verbleiben diese Worte bei Ihnen. Durchschnittlich hat ein Kind, das in den USA die Grundschule abgeschlossen hat, im Fernsehen über 8.000 Morde und über 100.000 Gewaltakte gesehen.[4] Das ist eine Menge Gift für einen kleinen Kinderkörper. Alle Gifte, die wir unserem Körper und Bewusstsein zuführen, zerstören, was uns von unseren Eltern und Vorfahren übertragen wurde.

Der Buddha erzählte, um den Konsum durch unsere Sinne zu illustrieren, die Geschichte von einer Kuh mit einer Hautkrankheit. Die Krankheit war so schlimm, dass sich das Fell an vielen Stellen schon abgelöst hatte, und die Kuh war all den Insekten, die ihr Blut saugen oder ihr Fleisch essen wollten, hilflos ausgeliefert. Sie hatte nichts, womit sie sich selbst hätte schützen können. Wurde sie zu einem alten Baum geführt, kamen alle winzigen Tiere aus der Rinde hervor, um sich auf ihr niederzulassen. Legte sich die Kuh nieder, krochen alle kleinen Lebewesen aus der Erde empor und hefteten sich an sie. Und wenn die Kuh zur Tränke geführt wurde, kamen die winzigen Kreaturen aus dem Wasser, um von ihr zu essen oder ihr Blut zu saugen. Ohne Achtsamkeit sind wir wie eine Kuh ohne Fell, und wir lassen uns von vielen Giften durchdringen und zerstören.

---

[4] The Sourcebook for Teaching Science (Juli, 2008) von Dr. Norman Herr von der California State University, Northridge. http//www.csun.edu/science/health/docs/tv&health.html

Die dritte Nahrung, die wir zu uns nehmen, ist die Nahrung unserer Absichten oder unseres Wollens. Gemeint ist damit unsere tiefste Intention, das, was wir mit unserem Leben bewirken wollen. Unser Verlangen, etwas zu tun, kann uns viel Energie geben. Der Buddha hat dafür ein deutliches Beispiel:

> *Da ist ein gesunder junger Mann, der in einer Stadt lebt. Vor den Toren der Stadt gibt es eine große Grube, voll mit glühenden Kohlen. Jeder, der in diese Grube fällt, wird schwere Verbrennungen erleiden, unerträgliche Schmerzen haben und vielleicht sogar sterben. Eines Tages kommen zwei starke Männer und versuchen, diesen jungen Mann zu dieser Grube zu zerren. Er will nicht dorthin. Er weiß, wenn er in diese Grube gerät, wird er unsäglich leiden und vielleicht sogar sterben. Doch die starken Männer zerren ihn immer weiter in diese Richtung …*

Diese beiden starken Männer zerren auch an uns; sie verkörpern unser Verlangen. Wenn wir berühmt sein wollen, kann diese Absicht sehr stark sein und uns zu einer Grube voller Leiden hinzerren. Dasselbe geschieht, wenn wir auf Ehre und Lobpreis aus sind. Eine Gier nach Sex kann uns auch zu dieser Grube zerren und viel Leiden schaffen. Haben wir das Verlangen nach immer mehr Geld, kann uns dieses wegzerren. Unser Verlangen verzehrt uns, lässt keinen Raum für Gewahrsein oder Achtsamkeit.

Die vierte Art der Nahrung, die wir zu uns nehmen, ist die Nahrung des Bewusstseins. Das bezieht sich auf unser gesamtes Bewusstsein – nicht nur auf das Bewusste, sondern auch auf das Unbewusste. Zur Nahrung des Bewusstseins hat der Buddha folgende Geschichte erzählt:

Ein Verbrecher war zum Tode verurteilt worden. Der König befahl seinen Soldaten, ihn zu fangen, festzunehmen und zurück in die Stadt zu bringen. Nachdem das geschehen war, fragten die Soldaten den König, was sie nun mit dem Verbrecher tun sollten. Der König sagte: „Führt ihn am Morgen heraus und stecht hundert Mal mit Messern auf ihn ein." Das taten sie. Später fragte der König sie: „Was ist mit dem Verbrecher? Habt ihr hundert Mal auf ihn eingestochen?" Sie antworteten: „Ja, Eure Majestät, das haben wir getan, doch er starb nicht." So sagte der König: „Führt ihn auch am Mittag heraus und stecht hundert Mal auf ihn ein." Als sie dies getan hatten, fragte der König: „Was ist geschehen?" Die Soldaten antworteten: „Er ist nicht gestorben." Da sagte der König: „Führt ihn am Abend heraus und stecht hundert Mal auf ihn ein."

Vielleicht ist er dann gestorben. Das Sutra sagt uns nichts darüber. Der Buddha fragte: „Was denkt ihr, Mönche? Hat der Mann gelitten?" Und die Mönche sagten: „Verehrter Buddha, es ist schon ein unerträgliches Leiden, wenn hundert Mal auf einen eingestochen wird, aber dreihundert Mal – wir können uns das nicht vorstellen."

Auf den tiefsten Ebenen unseres Bewusstseins ist schon viele Male auf uns eingestochen worden. Schon vor der Entstehung und Ausbreitung der menschlichen Gattung gab es auf der Erde viel Leiden. Das wird im Buddhismus die *Erste Edle Wahrheit* genannt: Das Leben ist mit Leiden verbunden, *dukkha*. Ob es sich nun um Krankheit, Wut, Verzweiflung oder Depression handelt, wir können es mit diesem Namen, mit *dukkha,* bezeichnen. All das Leiden, das unsere Vorfahren erlebt haben, ist in uns. Von dieser Art des Leidens spricht der Buddha, wenn er von dem Verbrecher erzählt, auf den so viele Male eingestochen wird. Sein Leiden setzt sich in unserem täglichen Leben fort. Wir werden durch das verletzt, was jemand zu uns sagt, und haben das Gefühl, auf uns werde eingestochen. Und auch unsere eigenen Gedanken stechen hundert Mal täglich auf uns ein.

Doch unser Leiden ist nicht nur unser Leiden. Dies ist Teil der *Zweiten Edlen Wahrheit* des Buddhismus. Es ist das Leiden aller vorangegangenen Generationen, der menschlichen und der nicht-menschlichen. Es ist auch das Leiden des kollektiven Bewusstseins unserer Zeit. Wir haben unser genetisches Erbe, doch wir sind auch mit allen anderen Gattungen, die gegenwärtig mit uns diesen Planeten bewohnen, wechselseitig verbunden und bedingen einander, wir *inter-sind*. Wir leben vielleicht nicht in einer Kriegszone, doch in den tiefsten Schichten unseres Bewusstseins spüren wir die Auswirkungen des Leidens jener Menschen, die in Kriegsgebieten leben. Wir realisieren dies vielleicht nicht in den bewussten Schichten unseres Geistes, doch unser Unbewusstes ist des Leidens gewahr, das überall geschieht.

Wenn Sie leiden, ist es nützlich zu erkennen, woher Ihr Leiden rührt – sei es aus dem kollektiven Bewusstsein, Ihrem genetischen Erbe oder daher, was jemand einen Moment vorher zu Ihnen gesagt hat. Solange wir meinen, dieser Mensch „trage die Schuld an unserem Leiden“, wird es für uns sehr schwierig sein, uns zu verändern. Wenn wir glauben, die Erderwärmung sei Schuld an unserer Misere, und nicht gleichzeitig unser genetisches Erbe und all die anderen Faktoren sehen, wird es schwierig für uns sein, unser Leiden umzuwandeln. Doch sehen wir unser Leiden in einem größeren Kontext, dann lindert das unseren individuellen

Schmerz und unser Leiden kann sich entschärfen. Das ist die *Dritte Edle Wahrheit, Wohlergehen*.

Die *Vierte Edle Wahrheit* ist, dass unser Leiden ein Ende finden kann, indem wir einem Pfad der Achtsamkeit folgen. Wenn wir als Menschheit nicht das achtsame Konsumieren dieser vier Arten von Nahrung praktizieren, können wir unseren Planeten nicht retten. Wir brauchen die Erleuchtung, das Erwachen, nicht nur des Einzelnen, sondern die kollektive Erleuchtung der gesamten Menschheit. Unsere Praxis sollte dieses kollektive Erwachen herbeiführen. Jeder und jede von uns muss den Buddha in sich jeden Tag berühren, damit sich das Erwachen in uns und den uns umgebenden Menschen manifestieren kann. Nur das Erwachen kann unseren Planeten retten.

Viertes Kapitel
Natur und Gewaltlosigkeit

Stellen wir uns vor, wir nehmen ein Getreidekorn und pflanzen es in den feuchten Boden. Eine Woche später wird das Korn ausgekeimt sein. Vielleicht kommen wir drei Tage später vorbei und fragen den Sprössling: „Liebe Pflanze, erinnerst du dich an die Zeit, als du noch ein Getreidekorn warst?" Die Pflanze hat das vielleicht vergessen, aber weil wir das Ganze beobachtet haben, wissen wir, dass der junge Getreidehalm wirklich aus dem Korn hervorgegangen ist.

Betrachten wir die Pflanze, sehen wir das Getreidekorn nicht mehr, von daher glauben wir vielleicht, es sei gestorben. Doch das Korn ist nicht gestorben, es ist zur Pflanze geworden. Wenn Sie in der Lage sind, das Getreidekorn in der Pflanze zu erkennen, dann verfügen Sie über die Art von Weisheit, die der Buddha die Weisheit der Nicht-Unterscheidung nannte. Sie unterscheiden nicht zwischen dem Saatkorn und der Pflanze. Sie sehen, dass sie miteinander verbunden sind und einander durchdringen, sie *inter-sind*, sie sind das Gleiche. Sie können das Korn nicht aus der Pflanze und die Pflanze nicht aus dem Korn entfernen. Wenn Sie den jungen Getreidehalm eingehend und tief betrachten, können Sie das Saatkorn sehen, wie es noch immer lebendig ist, doch in einer neuen Erscheinungsform. Die Pflanze ist die Fortführung des Korns.

Die Meditationspraxis hilft uns, Dinge zu sehen, die andere Menschen nicht sehen. Wir schauen ganz tief und erkennen, dass Vater und Sohn, Vater und Tochter, Mutter und Tochter, Mutter und Sohn, Saatkorn und Getreidehalm eine sehr enge Beziehung zueinander haben. Darum sollten wir zu der Tatsache, zu der Wahrheit erwachen, dass wir alle einander bedingen und durchdringen, dass wir *inter-sind*. Das Leiden des einen ist das Leiden der anderen. Wenn Muslime und Christen, Hindus und Muslime, Israelis und Palästinenser realisieren, dass sie Brüder und Schwestern füreinander sind, dass das Leiden der einen Seite auch das Leiden der anderen ist, dann werden ihre Kriege aufhören. Wenn wir erkennen, dass wir und alle Lebewesen von gleicher Natur sind, wie kann es da eine Trennung zwischen uns geben? Wie kann es da an Harmonie fehlen? Wenn wir unsere Natur des Interseins realisieren, werden wir damit aufhören, andere zu beschuldigen, auszubeuten und zu töten, denn wir werden wissen, dass wir mit ihnen verbunden und von ihnen bedingt sind, dass wir *inter-sind*. Das ist das große Erwachen, dessen wir bedürfen, damit die Erde gerettet werden kann.

Wir Menschen haben uns immer als etwas Herausgehobenes betrachtet, als etwas, das sich vom Rest der natürlichen Welt unterscheidet. Wir bezeichnen Tiere und andere Lebewesen als „Natur", etwas, das außerhalb von uns ist, und wir handeln, als wären wir irgendwie getrennt davon. Dann fragen wir uns: „Wie sollen wir mit der Natur umgehen?" Wir sollten mit der Natur so umgehen, wie wir auch mit uns umgehen sollten: gewaltlos. Mensch und Natur sind untrennbar. Genauso wie wir uns selbst nicht schaden sollten, sollten wir auch der Natur keinen Schaden zufügen. Der Natur schaden bedeutet, uns selbst zu schaden und umgekehrt.

Anderen Menschen Leid zuzufügen, fügt uns selbst Leid zu. Die Anhäufung von Reichtum und der Besitz großer Teile der natürlichen Ressourcen in der Welt berauben die

Mitmenschen ihrer Lebenschancen. An unterdrückerischen und ungerechten Sozialsystemen zu partizipieren, schafft und vertieft die Kluft zwischen Arm und Reich und verschärft die soziale Ungerechtigkeit. Wir tolerieren Maßlosigkeit, Ungerechtigkeit und Krieg, weil uns nicht bewusst ist, dass die Menschheit als *eine* Familie leidet. Während der Rest der Menschenfamilie leidet und hungert, ist das Genießen von falschen Sicherheiten und Wohlstand eine Selbsttäuschung.

Es ist ganz klar, dass das Schicksal jedes Individuums untrennbar mit dem Schicksal der ganzen Menschheit verbunden ist. Wir müssen andere leben lassen, wenn wir selbst leben wollen. Die einzige Alternative zu Ko-Existenz ist Ko-Nichtexistenz. Eine Zivilisation, in der wir andere töten und ausbeuten müssen, um zu leben, ist keine gesunde Zivilisation. Um eine gesunde Zivilisation zu schaffen, müssen alle denselben Zugang haben zu Bildung, Arbeit, Nahrung, Obdach, Menschenrechten, sauberer Luft und sauberem Wasser, und es müssen alle die Möglichkeit haben, frei zu reisen und sich überall auf der Welt niederzulassen. Politische und wirtschaftliche Systeme, die diese Rechte verweigern, fügen der ganzen Menschenfamilie Schaden zu. Ein Bewusstsein dafür, was ihr als Ganzes geschieht, ist notwendig, um die bereits angerichteten Schäden zu beheben.

Um Frieden innerhalb der Menschenfamilie zu schaffen, müssen wir uns für harmonische Koexistenz einsetzen. Wenn wir uns selbst weiterhin vom Rest der Welt absondern, uns in unseren engstirnigen Belangen und unmittelbaren Problemen vergraben, werden wir kaum Frieden schaffen können, werden wir nicht überleben. Die Menschheit ist Teil der Natur. Wir benötigen diese Einsicht, um Harmonie zwischen Menschen herstellen zu können. Grausamkeit und zerrüttete Verhältnisse zerstören die Harmonie der Menschenfamilie und zerstören die Natur. Zu den erforderlichen heilenden Maßnahmen gehört eine Gesetzgebung, die uns und der Natur gegenüber gewaltlos ist; dies wird uns davor bewahren, grausam und zerstörerisch zu sein.

Jedes Individuum und die gesamte Menschheit sind Teil der Natur und sollten in Harmonie mit der Natur leben. Die Natur kann grausam und zerstörerisch sein. Doch wir müssen sie so behandeln, wie wir uns als Individuen und als Menschenfamilie behandelt sehen möchten. Wenn wir die Natur zu unterdrücken und zu beherrschen versuchen, wird sie dagegen rebellieren. Wir müssen eng mit der Natur befreundet sein, um gewisse Aspekte von ihr zu handhaben und Harmonie zwischen uns und unserer Umwelt zu schaffen. Das erfordert ein genaues Verständnis der Natur. Taifune, Wirbelstürme, Dürreperioden, Fluten, Vulkanausbrüche, die starke Zunahme schädlicher Insekten – dies alles stellt eine Gefahr für das Leben dar. Wir können die Zerstörung durch Naturkatastrophen aber dadurch weitgehend verhindern, dass wir von Beginn an mit dem Grund und Boden arbeiten und nur solche Planungen umsetzen oder Entscheidungen treffen, welche die Eigenart des Bodens berücksichtigen, als dass wir durch den Bau von Dämmen oder die Abholzung der Wälder und durch andere Eingriffe und Verfahrensweisen, die am Ende mehr Schaden anrichten, vollständige Kontrolle über das Land zu erringen suchen.

Ein Beispiel dafür, was geschieht, wenn wir die Natur im Übermaß kontrollieren wollen, ist der exzessive Gebrauch von Pestiziden, durch den unterschiedslos viele Insekten und Vögel umkommen und das ökologische Gleichgewicht durcheinander gebracht wird. Ein ökonomisches Wachstum, das durch Verschmutzung und Erschöpfung nicht erneuerbarer Ressourcen verheerende Auswirkungen auf die Natur hat, hinterlässt eine Erde, auf der niemand mehr leben kann. Von einem ökonomischen Wachstum dieserart mögen zeitweilig einige Menschen sogar profitieren, doch in Wirklichkeit zerstört es die Natur als Ganzes.

Die Harmonie und das Gleichgewicht innerhalb der Individuen, der Gesellschaft und der Natur werden zerstört. Die Einzelnen sind krank, die Gesellschaft ist krank und die Natur ist krank. Wir müssen die Harmonie und das Gleichgewicht wieder herstellen, aber wie? Wo können wir mit der Heilung beginnen – im einzelnen Menschen, in der Gesellschaft oder der Umwelt? Wir müssen in allen drei Bereichen tätig sein. Menschen aus unterschiedlichen Disziplinen neigen oft dazu, ihr Gebiet, ihren Bereich besonders hervorzuheben. Politiker zum Beispiel halten eine wirksame Neugestaltung der Gesellschaft für notwendig, um Menschheit und Natur zu retten, und drängen von daher darauf, dass sich alle im Kampf um Veränderungen des politischen Systems engagieren.

Buddhistische Mönche und Nonnen sind wie psychotherapeutisch tätige Menschen, und wir neigen dazu, Probleme vom Gesichtspunkt seelischer Gesundheit her zu betrachten. Meditation zielt darauf, Harmonie und Gleichgewicht im Leben des Einzelnen zu schaffen. Buddhistische Meditation bezieht Körper und Geist ein und benutzt den Atem als Werkzeug, um den ganzen Menschen zu beruhigen und zu harmonisieren. Ähnlich wie in psychotherapeutischen Settings wird der Klient, die Klientin in eine Umgebung versetzt, welche die Wiederherstellung der Harmonie fördert. Üblicherweise beobachten Psychotherapeuten zunächst und geben dann ihren Klienten Ratschläge. Doch kenne ich einige, die sich, wie die Mönche und Nonnen, zunächst einmal selbst beobachten, weil sie die Notwendigkeit erkannt haben, als Erstes sich selbst von Angst, Sorgen und Verzweiflung, die uns allen innewohnen, zu befreien. Viele Therapeuten scheinen zu glauben, sie selbst hätten keine seelischen Probleme, doch der Mönch erkennt seine eigene Empfänglichkeit für Angst und Sorgen sowie für Erkrankungen, die von der Inhumanität unserer existierenden sozialen und ökonomischen Systeme herrühren.

Buddhistisch Praktizierende glauben, dass sich uns die Natur der wechselseitigen Verbundenheit von Individuum, Gesellschaft und Umwelt enthüllen wird, wenn wir unsere Gesundheit wiedererlangen. Allmählich werden wir dann immer weniger von Sorgen, Ängsten und der Zerstreuung unseres Geistes beherrscht. Von den drei Bereichen – Individuum, Gesellschaft und Natur – ist es das Individuum, das Veränderung und Wandel initiiert. Doch um das bewirken zu können, muss das Individuum ganz sein. Und da dies ein Umfeld erfordert, das der Heilung förderlich ist, muss der oder die Einzelne einen Lebensstil wählen, der frei von Destruktivität ist. Beides ist wichtig: unser Bemühen, uns selbst zu verändern, und unser Bemühen, die Umwelt zu verändern; eins kann nicht ohne das andere geschehen. Wir wissen, wie schwierig es ist, die Umwelt zu verändern, wenn die Einzelnen nicht in einem Zustand des Gleichgewichts sind. Unsere seelische Gesundheit erfordert, dass unser Bemühen, unsere Menschlichkeit zurückzugewinnen, Priorität haben sollte.

Unsere seelische Gesundheit wiederherzustellen bedeutet nicht, dass wir uns an die moderne Welt schnellen ökonomischen Wachstums anpassen sollten. Die Welt ist krank, und sich an eine ungute Umgebung anzupassen, kann nicht wirklich der Gesundheit förderlich sein. Viele Menschen, die eine Psychotherapie brauchen, sind tatsächlich Opfer des modernen Lebens, das uns voneinander und vom Rest der Menschenfamilie trennt. Ein hilfreicher Weg mag sein, aufs Land zu ziehen, wo wir den Boden kultivieren, unser eigenes Gemüse anbauen, unsere Kleidung in einem sauberen Fluss waschen und in einfachem Stil leben können, so wie Millionen Bauern überall auf der Welt.

Damit Psychotherapie wirksam sein kann, brauchen wir Veränderungen in unserer Umwelt. Politische Aktivitäten sind ein Weg, aber sie sind nicht der einzige. Sich selbst durch immer mehr Konsum zu betäuben, ist kein Weg. Die Vergiftung unseres Ökosystems, das Explodieren von Bomben, die Gewalt in unserem Umfeld und in unserer Gesellschaft, der Zeitdruck, der Lärm und die Verschmutzung, die Vereinzelung – all das wird durch die Art unseres ökonomischen Wachstums geschaffen, und alles dies sind Ursachen seelischer Erkrankungen. Was immer wir tun können, um diese Ursachen zu beenden, ist präventive Medizin.

Wenn wir unserer seelischen Gesundheit oberste Priorität einräumen, bedeutet das, dass wir unsere Verantwortung für die ganze Menschenfamilie erkennen müssen. Wir müssen helfen, andere davor zu schützen, krank zu werden, während wir zur selben Zeit unsere Menschlichkeit bewahren müssen. Wir sind alle Menschen, ob wir nun Mönche, Nonnen, Lehrer, Therapeutinnen, Künstler, Tischlerinnen oder Politiker sind. Wenn wir das, was wir versuchen zu lehren, nicht auf uns selbst anwenden, werden wir seelisch krank. Wenn wir einfach so weiterleben, mit dem Strom schwimmen, werden wir bald zu Opfern von Angst, Sorgen und Egoismus.

Ein Baum enthüllt sich einer Künstlerin, wenn diese eine besondere Beziehung zu ihm herstellen kann. Jemand, der nicht menschlich genug ist, mag seine Mitmenschen anschauen und sie doch nicht sehen, mag einen Baum betrachten und ihn doch nicht sehen. Viele von uns können Dinge nicht sehen, weil wir nicht ganz wir selbst sind. Wenn wir ganz wir selbst sind, können wir erkennen, dass ein Mensch, der vollständig lebt, uns zeigen kann, dass Leben möglich ist, dass eine Zukunft möglich ist. Doch die Frage „Ist eine Zukunft möglich?" ist bedeutungslos, wenn wir nicht die Millionen Mitmenschen sehen, die leiden und sterben. Wir sind erst dann fähig, uns selbst und die Natur zu erkennen, wenn wir sie wirklich gesehen haben.

Erinnern Sie sich an den Tsunami 2004 im Indischen Ozean, der Hunderttausende Menschen in Indonesien, Sri Lanka, Thailand, Indien und Afrika das Leben kostete. Auch Urlauber aus Europa, Australien und den Vereinigten Staaten starben bei diesem Tsunami. Wir alle haben damals, überall auf der Welt, gelitten und haben uns gefragt: „Warum? Warum hat Gott erlaubt, dass so etwas geschieht? Warum mussten diese Menschen sterben?" Auch ich habe gelitten. Aber ich habe auch praktiziert. Ich praktizierte tiefes Schauen. Und ich sah, dass als diese Menschen starben, wir mit ihnen starben, denn wir bedingen und durchdringen einander, wir *inter-sind*.

Sie wissen, dass ein Teil von Ihnen stirbt, wenn Ihr Liebster, Ihre Liebste stirbt; irgendwie sterben Sie mit diesem Menschen. Das ist leicht zu verstehen. Wenn wir voller Verstehen und Mitgefühl sind, dann leiden und sterben wir, wenn wir andere Menschen sterben sehen, selbst wenn es Fremde am anderen Ende der Welt sind. Wir finden heraus, dass sie für uns sterben. Darum müssen wir für sie leben. Wir müssen so leben, dass für unsere Kinder und Enkelkinder eine Zukunft möglich sein wird. Ob der Tod anderer einen Sinn hat oder nicht, hängt davon ab, wie wir leben. Das ist die Einsicht des Interseins. Sie sind wir und wir sind sie. Wenn sie sterben, sterben auch wir. Wenn wir weiter leben, leben auch sie weiter mit uns. Mit dieser Einsicht leiden Sie weniger und Sie wissen, wie Sie weiterleben können. Sie tragen sie alle in sich, und dieses Wissen schenkt Ihnen Frieden.

Achtsamkeit zu praktizieren und tief in die Natur der Dinge zu schauen bedeutet, deren Natur zu entdecken, die Natur des Interseins. Wir finden Frieden und können die Stärke entwickeln, die wir brauchen, um mit allem in Berührung zu sein. Mit diesem Verständnis können wir die Arbeit der liebevollen Fürsorge für die Erde und füreinander lange Zeit fortsetzen.

Fünftes Kapitel
Die Angst überwinden

Neue Zellen werden jeden Tag geboren und alte Zellen sterben, doch sie haben weder Beerdigungen noch Geburtstage.

Der Buddha lehrte, dass alles unbeständig ist; dass nichts eine absolute Entität ist, die stets gleich bleibt. Wenn wir uns diese Einsicht gegenwärtig halten, können wir tiefer in die Natur der Wirklichkeit hineinschauen und werden uns nicht in der Vorstellung verfangen, dass wir nur dieser Körper sind oder nur diese Lebensspanne haben.

Das Leben einer Zivilisation ist wie das Leben eines Menschen. Es gibt Geburt und es gibt Tod. Und unsere Zivilisation wird eines Tages enden müssen. Doch wir spielen eine enorm wichtige Rolle dabei zu bestimmen, wann sie endet und wie schnell. Wenn die Menschheit mit ihrem gegenwärtigen Kurs weiter fortfährt, wird das Ende unserer Zivilisation schneller kommen, als wir denken. Die Art unseres Autofahrens, die Art, wie wir konsumieren, und die Art, wie wir die natürlichen Ressourcen des Planeten ausbeuten und zerstören, werden das Ende unserer Zivilisation beschleunigen. Globale Erwärmung mag ein frühes Symptom dieses Endes sein. Wenn wir weiterhin so konsumieren, wie wir es getan haben und gegenwärtig noch tun, wird die Mehrheit der Menschen auf diesem Planeten vermutlich umkommen und das Ökosystem wird in einem solchen Ausmaß geschädigt sein, dass das menschliche Leben, in der Form, wie wir es kennen, wohl kaum weiter bestehen wird. Vor unserer Zivilisation hat die Welt schon viele andere gekannt, und viele Zivilisationen sind bereits untergegangen. Alles ist vergänglich.

Alles befindet sich in fortwährender Transformation und ist ohne ein eigenständiges, unabhängiges Selbst. Intellektuell mögen wir das verstehen, doch als Wirklichkeit ist Unbeständigkeit, Vergänglichkeit, für uns nur schwer zu akzeptieren. Wir wollen, dass die Dinge und die Menschen, die wir lieben, dieselben bleiben.

Unbeständigkeit zu verstehen, ist keine Sache von Worten und Konzepten. Es ist eine Sache der Praxis. Nur durch die tägliche Praxis des Innehaltens und tiefen Schauens können wir die Wahrheit der Unbeständigkeit erfahren und annehmen. Wir können zu uns sagen: „Ich atme ein und schaue tief in ein Objekt hinein. Ich atme aus und beobachte die Natur der Unbeständigkeit dieses Objekts." Das Objekt, das wir beobachten, mag eine Blume, ein Blatt oder ein Lebewesen sein. Schauen wir in dieses Objekt tief hinein, sehen wir, wie es sich in jedem Augenblick verändert.

Es gibt zwei Arten der Unbeständigkeit. Die erste wird „Unbeständigkeit in jedem Augenblick" genannt. Von der zweiten Art der Unbeständigkeit sprechen wir, wenn etwas das Ende eines Zyklus von Entstehen, Bestehen und Erlöschen erreicht hat und es eine merkliche Veränderung gibt. Das wird „zyklische Unbeständigkeit" genannt.

Wenn wir Wasser zum Kochen bringen, wird das Wasser immer heißer und heißer, aber es gibt eine kaum wahrnehmbare Veränderung, bis es tatsächlich zu kochen beginnt und Dampf produziert. Das ist die erste Art der Unbeständigkeit, die „Unbeständigkeit in jedem Augenblick". Dann plötzlich sehen wir Dampf. Das ist ein Beispiel für zyklische Unbeständigkeit. Ein anderes Beispiel ist, wenn ein Kind in seinem Wachstum einen plötzlichen Sprung macht. Viele kleine Veränderungen haben stattgefunden, die wir vielleicht nicht bemerken, bis es zu einem zyklischen Wandel kommt.

Wir müssen einen zyklischen Wandel eingehend und tief betrachten, um ihn als einen notwendigen Teil des Lebens anzunehmen und nicht überrascht zu sein oder schwer darunter zu leiden, wenn er sich zeigt. Wir betrachten eingehend und tief die Unbeständigkeit unseres Körpers, die Unbeständigkeit der Dinge, die uns umgeben, die Unbeständigkeit der Menschen, die wir lieben, und die Unbeständigkeit derer, die uns leiden lassen. Wenn wir die Unbeständigkeit nicht auf diese Weise betrachten, halten wir sie vielleicht für einen negativen Aspekt unseres Lebens, denn sie nimmt uns das, was wir lieben. Doch schauen wir tief, sehen wir, dass Unbeständigkeit weder positiv noch negativ ist. Unbeständigkeit ist einfach Unbeständigkeit. Ohne sie wäre Leben unmöglich. Wie könnten wir ohne Unbeständigkeit hoffen, unser Leiden und das Leiden derer, die wir lieben, in Glück umzuwandeln? Wie könnten wir ohne Unbeständigkeit hoffen, den destruktiven Pfad, den wir auf der Erde eingeschlagen haben, zu ändern?

Unbeständigkeit bedeutet auch wechselseitige Abhängigkeit. Es gibt kein unabhängiges individuelles Phänomen, denn alles ändert sich fortwährend. Die Blume empfängt ständig Nicht-Blume-Elemente wie Wasser, Luft und Sonnenschein, und sie gibt auch stets etwas an die Umgebung zurück. Eine Blume ist ein Strom der Veränderung, und auch ein Mensch ist ein Strom der Veränderung. In jedem Augenblick gibt es Input und Output. Eine Blume wird fortwährend geboren und stirbt fortwährend und sie ist stets mit ihrer Umgebung verbunden. Die Teile des Universums sind in ihrer Existenz voneinander abhängig.

Oft wird das Beispiel von Welle und Wasser verwendet, um uns die Natur des Nicht-Selbst von allem Existierenden besser verständlich zu machen. Eine Welle kann hoch oder tief sein, kann entstehen und verschwinden, doch ist die Essenz der Welle – das Wasser – weder hoch noch tief, weder entstehend noch verschwindend. Alle Zeichen – hoch, tief, entstehend, verschwindend – können die Essenz des Wassers nicht berühren. Wir lachen und weinen, den Zeichen entsprechend, weil wir noch nicht die Essenz gesehen haben – die wahre Natur von allem, was ist. Und das ist auch unsere Wirklichkeit. Wenn wir nur die Welle in ihren Manifestationen von Geburt und Tod sehen, werden wir leiden. Doch wenn wir das Wasser sehen, die Basis der Welle, und erkennen, dass alle Wellen zum Wasser zurückkehren, gibt es nichts, das uns ängstigen müsste.

„Ich atme ein und sehe die Natur der Unbeständigkeit. Ich atme aus und sehe die Natur der Unbeständigkeit." Wir müssen das viele, viele Male praktizieren. Weil das Leben, die Wirklichkeit, unbeständig ist, fühlen wir uns unsicher. Um diesem Gefühl der Unsicherheit zu begegnen, müssen wir lernen, zutiefst im gegenwärtigen Moment zu leben.

Wenn wir damit beginnen, wollen wir noch, dass die Dinge beständig sind, und wir glauben, es gebe ein eigenständiges Selbst. Wann immer sich Dinge ändern, leiden wir. Der Buddha gab uns die Schlüssel der Unbeständigkeit und der Natur des Nicht-Selbst aller Dinge, um uns zu helfen, nicht zu leiden. Wenn wir die Unbeständigkeit und die Natur des Nicht-Selbst aller Dinge eingehend und tief betrachten, benutzen wir diese Schlüssel, um das Tor zur Wirklichkeit und zum Nirwana zu öffnen.

Dann lösen sich unsere Furcht und unser Leiden auf und es macht uns nichts aus, ob wir jung oder alt sind, oder sogar, ob wir lebendig oder tot sind. Wir erkennen, dass wir nicht sterben im üblichen Sinne von „existiert haben" und und „nicht mehr existieren". Wir erkennen, dass alles Leben eine fortwährende Transformation ist. Unbeständigkeit, Nicht-Selbst und Nirwana sind die *Drei Dharma-Siegel*, die Merkmale jeder wahren buddhistischen Lehre.

Wenn wir gegen die Natur der Unbeständigkeit kämpfen, leiden wir. Unsere Angst, unsere Wut und unsere Verzweiflung können uns überwältigen. Darum ist es so wichtig, dass wir mit unserer Angst und Verzweiflung umgehen lernen, bevor wir uns mit der Erderwärmung und anderen Umweltproblemen auseinandersetzen. Der Buddha ist da sehr klar: Wir müssen erst uns heilen, bevor wir den Planeten heilen können.

Wenn wir die Angst in uns nicht erkennen, wird sie weiterhin unser Verhalten prägen. Die Praxis, die uns der Buddha anbietet, besteht nicht darin, vor der Angst davonzulaufen. Stattdessen können wir die Angst in unser Bewusstsein einladen, sie mit unserer Achtsamkeit umarmen und tief in sie hineinschauen. Wir entwickeln Akzeptanz und Verständnis, wenn wir auf diese Weise praktizieren. Wir werden von unserer Angst nicht länger blind angetrieben.

Die Angst zu sterben, ist tief in unserem Bewusstsein stets gegenwärtig. Wenn ein Mensch erkennt, dass er sterben muss, revoltiert er vielleicht anfangs gegen diese Wahrheit. Ich habe dies bei engen Freunden gesehen, bei denen Aids oder Krebs diagnostiziert wurde. Sie weigerten sich, es zu glauben, und kämpften lange Zeit mit sich. In dem Moment, in dem sie akzeptieren konnten, dass sie sterben mussten, fanden sie Frieden. Finden wir Frieden, dann entspannen wir, und manchmal haben wir dann sogar die

Chance, die Krankheit zu überwinden. Ich kenne krebskranke Menschen, die nach ihrer Diagnose noch zehn, zwanzig oder sogar dreißig Jahre gelebt haben, weil sie imstande waren, ihre Situation anzunehmen und friedvoll zu leben.

In Hanoi, der Hauptstadt Vietnams, lebt eine Nonne, bei der Krebs diagnostiziert worden war. Ihr Arzt teilte ihr mit, sie habe nur noch ein paar Monate zu leben. So entschied sie sich, nach Plum Village zu kommen und mit uns zu leben, um dann nach Hause zurückzukehren und zu sterben. Sie hatte vollkommen akzeptiert, dass das Ende ihres Lebens nahe war. Als sie in Plum Village ankam, schlug ihr eine der Nonnen vor, noch eine weitere ärztliche Meinung über ihren Krebs einzuholen. Doch sie sagte: „Nein, ich bin nicht hierher gekommen, um einen Arzt aufzusuchen. Ich bin gekommen, um mit euch allen ein paar Monate zu verbringen."

Sie lebte voll und ganz jeden Augenblick der drei Monate, die sie mit uns verbringen konnte, freute sich an der Gehmeditation, der Sitzmeditation, den Dharma-Vorträgen und den Dharma-Gesprächen. Die drei Monate vergingen und ihr Visum lief aus, so dass sie nach Vietnam zurückkehren musste. Eine der Nonnen schlug ihr wieder vor, zum Arzt zu gehen, „nur um zu sehen", wie es um ihren Krebs stand. Dieses Mal stimmte sie zu. Der Arzt sagte ihr, dass die Metastasen sich nicht weiter ausgebreitet hätten und der Tumor fast verschwunden wäre. Das ist mehr als fünfzehn Jahre her und sie ist heute gesünder als jemals zuvor. Die Tatsache des Annehmens ist also sehr wichtig. Die Annahme des Todes wird Ihnen Frieden bringen und mit diesem Frieden können sie sogar manchmal weiterleben.

Eine aufsteigende Welle hat viel Freude. Wenn sie hinabstürzt, mag in ihr eine gewisse Angst und Sorge über das Ende der Welle da sein. Ein Aufsteigen führt stets zu einem Hinabstürzen. Geburt führt zu Tod. Doch wenn die Welle

Meditation praktiziert und erkennt, dass sie Wasser ist, dann kann sie mit Freude hinabstürzen und brechen. Sie mag als Welle sterben, aber als Wasser wird sie immer lebendig sein. Die Lehren des Buddha helfen uns, unsere wahre Natur zu berühren und die Einsicht zu entwickeln, die alle Arten von Angst zerstreuen wird. Es ist möglich, mit einem Lächeln zu sterben, ohne Angst und ohne Wut.

Ein Regentropfen, der auf die Erde fällt, verschwindet im Nu. Aber dennoch ist er noch irgendwie da, selbst wenn er im Boden versickert ist; er ist da in einer anderen Form. Ist er verdunstet, ist er noch immer in der Luft. Er ist Dunst geworden und wir können den Regentropfen nicht mehr sehen; das bedeutet aber nicht, dass er nicht mehr da wäre. Eine Wolke kann niemals sterben. Eine Wolke kann zu Regen, Schnee oder Eis werden, aber eine Wolke kann nie zu Nichts werden. Zu sterben bedeutet, dass wir aus Etwas zu Nichts werden, dass wir vom Sein ins Nichtsein übergehen. Das ist unsere Vorstellung von Tod. Doch hilft uns die Meditation, unsere wahre Natur von Nicht-Geburt und Nicht-Tod zu berühren. Bevor sich die Wolke als Wolke manifestiert, war die Wolke Dunst, war die Wolke der Ozean. Sie ist also nicht aus dem Nichtsein ins Sein gelangt. Unsere Vorstellung von Geburt ist nur eine Vorstellung. Unsere Vorstellung von Tod ist nur eine Vorstellung.

Diese Einsicht ist sehr wichtig, sie lässt die Angst schwinden. Wenn wir verstehen, dass wir nicht vernichtet werden können, dann sind wir von Angst befreit. Es ist eine enorme Erleichterung. Mit Nicht-Angst ist wahres Glück möglich und so auch Frieden. Und wenn Sie selbst in Frieden sind, findet unsere Zivilisation vielleicht auch Frieden. Wenn wir alle in Panik geraten, dann beschleunigen wir den Tod unserer Zivilisation. Sind wir in Frieden, ist es für uns viel einfacher, mit schwierigen Situationen umzugehen.

Der Buddha hat uns gelehrt, tief in die Samen unserer Angst hineinzuschauen, statt sie zuzudecken oder vor ihnen davonzulaufen. Wir tragen den Samen der Angst in uns. Wir haben Angst zu sterben, verlassen zu werden, krank zu werden. Wir versuchen zu vergessen. Wir halten uns beschäftigt, damit wir vergessen können. Doch Tatsache ist, dass wir eines Tages sterben müssen, dass wir erkranken, dass wir alles loslassen müssen. Der Buddha empfahl seinen Mönchen und Nonnen, sich tagtäglich darin zu üben, die Samen der Angst zu erkennen.

Dies ist die Praxis der „Fünf Gewissheiten", die uns helfen kann, die Angst zu erkennen und mit ihr zu sitzen. Die erste Gewissheit ist: „Es ist der natürliche Verlauf, dass ich sterben werde. Es gibt keinen Weg, dem Tod zu entgehen." Sie stellen sich der Wahrheit. Sie bringen diesen Samen der Angst ans Tageslicht, wenden sich ihm zu und umarmen ihn mit ihrer Achtsamkeit. Das erfordert Mut. Indem Sie so verfahren, reduzieren Sie die Stärke und Kraft der Angst und der Samen der Angst wird schwächer. Diese Praxis hilft uns, Alter, Krankheit und Tod als Wirklichkeit zu sehen, als Tatsachen, denen wir nicht entgehen können. Nachdem wir das angenommen haben, werden wir uns sehr viel besser fühlen. Wenn wir von einer Krankheit wie Aids oder Krebs betroffen sind, wehren wir uns zunächst, fragen: „Warum ich?" Verleugnung ist die erste Reaktion. Wir verleugnen die Wahrheit. Dann durchleben wir Verzweiflung und Aufbegehren; wir kämpfen für lange Zeit mit uns. Und schließlich akzeptieren wir es. In dem Moment finden wir Frieden. Und wenn wir Frieden finden, sind wir entspannter und haben die Chance, unsere Krankheit vielleicht überwinden zu können.

Wir müssen lernen, auch das Ende unserer Zivilisation akzeptieren zu lernen. Können wir es annehmen, werden wir friedvoller sein. Wir nehmen unseren eigenen Tod an, wir nehmen den Tod unserer Zivilisation an. Wir berühren die Wahrheit der Unbeständigkeit und haben dann Frieden. Wenn wir in Frieden sind, dann wird es wieder Hoffnung geben. Mit dieser Art des Friedens können wir die vorhandene Technologie nutzen, um unseren Planeten zu retten. Sind wir voller Angst und Verzweiflung, werden wir nicht imstande sein, unseren Planeten zu retten, selbst wenn wir über die notwendigen Technologien verfügen würden. Es ist möglich, friedvoll zu sterben, mit Liebe, wenn wir in uns die Einsicht des Interseins haben und wissen, wie wir unsere wahre Natur von Nicht-Geburt und Nicht-Tod berühren können.

Die Fünf Gewissheiten

Es ist der natürliche Verlauf, dass ich alt werde.
Es gibt keinen Weg, dem Altern zu entgehen.

Es ist der natürliche Verlauf, dass ich erkranken werde.
Es gibt keinen Weg, dem Krankwerden zu entgehen.

Es ist der natürliche Verlauf, dass ich sterben werde.
Es gibt keinen Weg, dem Tod zu entgehen.

Es ist der natürliche Verlauf, dass alles, woran ich hänge, und alle, die mir lieb sind, sich verändern.
Es gibt keinen Weg, dem Getrenntwerden von ihnen zu entgehen.

Meine Handlungen von Körper, Rede und Geist sind mein einzig wirkliches Erbe.
Meine Handlungen sind meine Fortführung.

Die Praxis des achtsamen Atmens kann Ihnen helfen, tief in die Natur und Wurzeln der eigenen Angst hineinzuschauen. Darum empfehle ich, die „Fünf Gewissheiten“ als eine Atemübung zu praktizieren.

Einatmend weiß ich, es ist der natürliche Verlauf,
dass ich alt werde.
Ausatmend weiß ich, es gibt keinen Weg,
dem Altern zu entgehen.

Einatmend weiß ich, es ist der natürliche Verlauf,
dass ich erkranken werde.
Ausatmend weiß ich, es gibt keinen Weg,
dem Krankwerden zu entgehen.

Einatmend weiß ich, es ist der natürliche Verlauf,
dass ich sterben werde.
Ausatmend weiß ich, es gibt keinen Weg,
dem Tod zu entgehen.

Einatmend weiß ich, dass ich eines Tages alles,
was ich wertschätze, und alle, die mir lieb sind,
loslassen muss.
Ausatmend weiß ich, es gibt keinen Weg,
sie mitzunehmen.

Einatmend weiß ich, dass ich nichts mitnehme außer
meinen Handlungen von Körper, Rede und Geist.
Ausatmend weiß ich, dass nur meine Handlungen mit
mir kommen werden.

Diese Praxis kann uns helfen, Alter, Krankheit und Tod als Wirklichkeit zu akzeptieren – Tatsachen, denen wir nicht entkommen können. Wenn wir diese drei essenziellen Wahrheiten auf diese Weise annehmen können, werden wir in Frieden sein und ein gesundes und mitfühlendes Leben führen können, bei dem wir weder uns noch anderen Leiden zufügen.

Wenn wir den Tod unserer eigenen menschlichen Form annehmen können, sind wir vielleicht auch in der Lage, das eventuelle Ende unserer eigenen Zivilisation zu akzeptieren. Unsere Zivilisation ist nur eine Zivilisation unter vielen und sie wird eines Tages sterben müssen, um für eine andere Platz zu machen. Viele Zivilisationen sind bereits gekommen und gegangen. Globale Erwärmung mag ein frühes Symptom des Endes unserer gegenwärtigen Zivilisation sein. Wenn wir nicht unseren Überkonsum zu stoppen wissen, dann wird sich der Tod unserer Zivilisation beschleunigen. Wir können diesen Prozess verlangsamen, indem wir innehalten und achtsam sind, doch das können wir nur, wenn wir den eventuellen Tod dieser Zivilisation akzeptieren, wie wir auch den Tod unserer eigenen physischen Form anzunehmen haben. Eine Akzeptanz ist möglich, wenn wir wissen, dass unsere wahre Natur die Natur von Nicht-Geburt und Nicht-Tod ist.

Einatmend weiß ich, dass diese Zivilisation sterben wird.
Ausatmend weiß ich, dass diese Zivilisation dem Tod
nicht entgehen kann.

Sobald wir das akzeptieren, werden wir nicht mehr mit Wut, Verleugnung und Verzweiflung reagieren. Akzeptanz wird Ihnen Frieden bringen und wenn Frieden in Ihnen ist, wird unsere Zivilisation vielleicht eine Chance haben. Halten Sie immer wieder inne und schauen Sie tief und eingehend, in Ihrem Sitzen, ihrem Gehen, in Ihrem Nachdenken, um zu dieser Einsicht zu gelangen – nicht als verbaler Ausdruck, sondern als wirkliche Einsicht. Diese Einsicht erzeugt Achtsamkeit und Frieden, Akzeptanz und Nicht-Angst und damit können Sie einen realen Beitrag leisten.

Wissenschaftler gehen davon aus, dass wir über genügend Technologien verfügen, um unseren Planeten retten zu können. Wir haben erneuerbare Energiequellen wie Wind, Sonne, Wellen und Erdwärme und wir haben Hybrid- und Elektroautos. Doch wir nutzen diese neuen Technologien nicht in ausreichendem Maße. Wir sind in einem Zustand der Verzweiflung, Wut, Trennung und Diskriminierung. Wir sind nicht friedvoll oder wach genug, haben nicht genug Zeit, sind zu beschäftigt. Wir sind unfähig, zusammenzuarbeiten. Technologie muss von Brüderlichkeit, Schwesterlichkeit, Verstehen und Mitgefühl unterstützt werden. Technologie muss Hand in Hand mit Spiritualität gehen. Unser spirituelles Leben ist das Element, das die Energien des Friedens, der Ruhe, Brüderlichkeit, des Verstehens und des Mitgefühls hervorbringt. Ohne sie hat unser Planet keine Chance.

Die Weisheit also, die der Buddha uns anbietet, ist, dass wir Unbeständigkeit akzeptieren – unseren eigenen Tod und den unausweichlichen Tod unserer Zivilisation. Und nachdem wir das akzeptiert haben, werden wir Frieden und Stärke haben und ein Erwachen, das uns als Menschen zusammenbringt. Kein Hass mehr, keine Diskriminierung. Dann haben wir die Möglichkeit, die vorhandenen Technologien zu nutzen, um unseren geliebten Planeten zu retten.

Wenn wir als Mitglieder der menschlichen Gattung Meditation praktizieren, können wir unsere Angst, Verzweiflung und Unachtsamkeit überwinden. Meditation ist keine Flucht. Es ist der Mut, die Wirklichkeit mit Achtsamkeit und Sammlung zu betrachten. Meditation ist für unser Überleben, unseren Frieden und unseren Schutz ganz wesentlich. Es sind in der Tat unsere falschen Wahrnehmungen und unsere falschen Ansichten, die grundlegend für unser Leiden sind. Falsche Ansichten aufzugeben, ist das Wichtigste, Drängendste, was wir tun sollten. Unsere Welt bedarf der Weisheit und Einsicht. Als Lehrer, Eltern, Journalisten, Filmemacher können Sie Ihre Einsichten mit anderen teilen, können Ihr Land und die Menschen darin aufwecken. Sind die Menschen in Ihrem Land erwacht, dann muss die Regierung deren Einsichten entsprechend handeln. Wenn wir praktizieren, können wir die Dimension von Nicht-Angst, von Brüderlichkeit und Schwesterlichkeit nähren.

Wir müssen nicht nach außen gehen, um dort etwas zu finden, über das wir meditieren könnten. Das Objekt unserer Meditation liegt nicht außerhalb unseres täglichen Lebens. Der Weg, den der Buddha vorschlägt, bedeutet, uns selbst und den Menschen um uns herum zu helfen, bedeutet, immer tiefer zu schauen, um uns von den Vorstellungen zu befreien, welche die Grundlage von Hass, Angst und Gewalt bilden. So wird es zu einem kollektiven Wandel des Bewusstseins kommen.

Teil Zwei

Unsere Botschaft ist unser Handeln

Sechstes Kapitel
Eine schöne Fortführung

Betrachten wir einen Orangenbaum, sehen wir, dass er sein Leben lang Jahreszeit für Jahreszeit damit verbringt, schöne grüne Blätter, duftende Blüten und süße Orangen zu produzieren. Das sind die besten Dinge, die ein Orangenbaum schaffen und der Welt anbieten kann. Als Menschen bieten auch wir der Welt in jedem Augenblick unseres täglichen Lebens etwas an, in Form unserer Gedanken, unserer Worte und unserer Handlungen. Wir sollten der Welt die besten Gedanken, Worte und Handlungen anbieten – denn sie sind unsere Fortführung, ob wir das nun wollen oder nicht. Wir können unsere Zeit weise nutzen, können die Energien von Liebe, Mitgefühl und Verstehen erzeugen, können schöne Dinge sagen, inspirieren, vergeben und so handeln, dass wir der Erde und uns untereinander helfen und einander schützen. Auf diesem Wege können wir eine wirklich schöne Fortführung schaffen.

Der französische Philosoph Jean-Paul Sartre sagte, dass der Mensch die Summe seiner Taten sei. Das ist der vierten Gewissheit sehr ähnlich, in der es heißt, dass wir alles, was wir wertschätzen, und alle, die wir lieben, loslassen und aufgeben müssen. Alles, was wir mit uns nehmen, und alles, was wir hinterlassen, sind die Früchte unserer Gedanken, Worte und Handlungen während unserer Lebenszeit. Das ist unser Karma, unsere Fortdauer. Wenn eine Wolke verschmutzt ist, ist auch der Regen verschmutzt. Gedanken, Worte und Handlungen zu reinigen, schafft eine schöne Fortdauer.

Im Buddhismus benutzen wir in diesem Zusammenhang das Wort „Karma". Karma bedeutet Aktion – Aktion als Ursache und Aktion als Wirkung. Wenn Aktion eine Ursache ist, nennen wir sie *karmahetu*. Dieser Gedanke, diese Worte oder diese Handlung werden eine Wirkung auf unsere geistige und körperliche Gesundheit und auf die Gesundheit der Welt haben. Und diese Wirkung, süß oder bitter, heilsam oder unheilsam, ist die Frucht des Karma, die Frucht des Gedankens – *karmaphala*. Wir setzen uns durch die Wirkung unserer Gedanken, Worte und Handlungen in der Zukunft fort.

Gedanken und Worte sind Formen von Aktion. Wenn wir einen Gedanken voller Wut, Angst und Verzweiflung schaffen, dann hat er eine unmittelbare Wirkung auf unsere Gesundheit und die Gesundheit der Welt. Schmerzvolle Gedanken können sehr machtvoll sein und auf unseren Körper, unseren Geist und die Welt einwirken. Wir sollten uns bemühen, diese Art von Gedanken nicht zu oft zu produzieren. Wenn Sie etwas gesagt haben, das Ihrer nicht würdig ist, dann sagen Sie heute etwas anderes, und das wird alles verändern. Ein positiver Gedanke wird uns körperliche und geistige Gesundheit bringen und er wird der Welt helfen, sich zu heilen.

Rechte Rede, wie sie vom Buddha empfohlen wird, inspiriert Verstehen, Freude, Hoffnung, Brüderlichkeit und Schwesterlichkeit. Wir können etwas sagen, das unsere liebende Güte, unser Nichtunterscheiden und unsere Bereitschaft, Erleichterung und Linderung zu bringen, ausdrückt. Äußern wir solche Worte, fühlen wir uns in Geist und Körper besser. Sprechen wir solche Worte mehrmals am Tag aus, wird das uns, andere und die Welt heilen und verwandeln. Das kommt allen zugute.

Der Buddha riet zu *Rechtem Handeln*, denn ein solches Handeln wird auf unsere körperliche und geistige Gesundheit und auf die der Welt eine Wirkung haben. Wir können einen Menschen, ein Tier, einen Baum töten. Oder wir können einen Menschen, ein Tier, einen Baum schützen. Wir müssen sicherstellen, dass sich unsere Taten auf *Rechtes Handeln* hin ausrichten. Wenn wir körperlich etwas tun, das anderen Schutz, Rettung, Unterstützung oder Linderung zu geben vermag, dann bringt diese Handlung uns und der Welt ein Element der Heilung. Sind Sie voller Mitgefühl, wird Ihr Mitgefühl einen Wandel herbeiführen, selbst wenn Sie nicht aktiv werden. Aus seiner eigenen Natur heraus erzeugt Mitgefühl mitfühlendes Handeln.

Gedanken, Worte und Handlungen schaffen Karma und wir produzieren diese Karma-Energie in jedem Augenblick unseres täglichen Lebens. Jeder Gedanke, jedes Wort und jede Handlung tragen unsere Unterschrift. Das ist unsere Fortführung und sie geht nie verloren. Es ist naiv zu glauben, dass nach Auflösung dieses Körpers nichts übrig sein wird. Wenn wir tief schauen, erkennen wir, dass nichts wirklich geboren wird und nichts wirklich stirbt. Unsere wahre Natur ist die Natur von Nicht-Geburt und Nicht-Tod. Wenn wir Meditation praktizieren, können wir das erkennen.

Der Buddha sprach von der Unbeständigkeit der Dinge, ihrer Vergänglichkeit, und auch viele andere Denker haben sich zur Vergänglichkeit geäußert. Heraklit, der griechische Philosoph des sechsten Jahrhunderts v. Chr., sagte, dass wir niemals zweimal in denselben Fluss steigen können, weil der Fluss sich fortwährend verändert. Nichts bleibt sich für auch nur zwei aufeinander folgende Momente gleich. Eine Sicht, die sich nicht auf Unbeständigkeit gründet, ist eine falsche Sicht. Wenn wir Einsicht in die Unbeständigkeit und Vergänglichkeit haben, leiden wir weniger und wir schaffen mehr Glück.

Das ist nicht nur eine philosophische Betrachtungsweise; so sind die Dinge. Wenn Sie auf Ihren Freund, Ihre Freundin wütend sind und nahe daran, sich zu streiten, würde der Buddha Ihnen sagen: „Schließ deine Augen. Stell dir dich und deinen Freund in drei Jahrhunderten vor. Wo werdet ihr beide dann sein?" Wenn Sie sehen können, wo Sie in dreihundert Jahren sein werden, dann erkennen Sie, dass es nicht sehr weise ist zu streiten, denn das Leben ist unbeständig. Können Sie Unbeständigkeit berühren, dann werden Sie nicht länger wütend sein, wenn Sie Ihre Augen wieder öffnen, und Sie wissen, das einzig Sinnvolle in diesem Augenblick ist es, Ihre Arme zu öffnen und die andere Person zu umarmen.

Vielleicht stimmen Sie mit dem Kopf zu, dass die Dinge unbeständig sind, und handeln doch in Ihrem alltäglichen Leben so, als wären sie beständig. Unbeständigkeit ist keine Theorie oder Philosophie; es ist eine Praxis. Wir sollten unsere Konzentration auf die Unbeständigkeit ausrichten. Betrachten Sie eine Blume, sehen Sie, dass Sie unbeständig ist. Betrachten Sie einen Menschen, sehen Sie, dass er unbeständig ist. Was immer Sie während des Tages betrachten oder hören, konzentrieren Sie sich darauf mit der Einsicht in Unbeständigkeit und Vergänglichkeit. Diese konzentrierte Ausrichtung auf Unbeständigkeit ist es, die Sie rettet, nicht die bloße Vorstellung von Unbeständigkeit. Mit Achtsamkeit können wir die Einsicht in die Unbeständigkeit lebendig erhalten und das wird uns davor bewahren, falsche Gedanken oder falsche Worte in die Welt zu setzen.

Unser Karma, unsere Aktionen, sind das, was von uns bleibt. Ihre Manifestation hat bereits begonnen. Unser Leben ist eine Manifestation unseres Karmas. Wir können diese Manifestation zu etwas Schönem und Bedeutungsvollem machen und sie wird damit einen guten Einfluss auf andere

Manifestationen in Gegenwart und Zukunft haben. Wenn wir wissen, wie wir die Energie von Liebe, Verstehen, Mitgefühl und Schönheit nähren können, dann können wir der Welt eine Menge geben und positiv andere Manifestationen unterstützen. Wir müssen nicht darauf warten, dass sich unser Körper auflöst, damit unsere Fortführung beginnt. Wenn die Manifestationen im gegenwärtigen Augenblick schön sind und gut, dann wird auch ihre Fortführung schön sein und gut.

Schauen wir in unseren Körper und unser Bewusstsein, erkennen wir, welch komplexer Organismus wir sind. Es gibt so viele Arten von Lebewesen, so viele Elemente in unserem Körper und unserem Bewusstsein. In jeder Zelle können wir die Geschichte der gesamten Menschheit, der Erde und des Kosmos erkennen. Jede Zelle unseres Körpers vermag uns jede Menge Daten und Informationen über den Kosmos zu geben. Eine einzige Zelle kann uns viel über unsere Vorfahren erzählen, nicht nur über unsere menschlichen, sondern auch die tierischen, pflanzlichen und mineralischen Vorfahren. Jedes Mal, wenn wir während der Gehmeditation einen Schritt machen, bewegen wir uns wie ein Organismus, wir bewegen uns wie der Kosmos, und all unsere Vorfahren bewegen sich mit uns, machen Schritte mit uns. Nicht nur unsere Vorfahren, auch unsere Kinder und deren Kinder bewegen sich mit uns. Das eine enthält alles. Sind wir in der Lage zu einem friedvollen, glücklichen Schritt, dann machen all unsere Vorfahren diesen Schritt zur selben Zeit.

Wir wissen, dass unsere Eltern, unsere Vorfahren und unsere Lehrer eine Lebensweise von uns erwarten, mittels derer wir unseren Planeten schützen. Wir müssen unseren Vorfahren, unseren Lehrern und dem Buddha erlauben, in uns zu handeln. Wir sollten mit unseren Vorfahren, den spirituellen wie den blutsverwandten, in fortwährendem

Gespräch sein, so dass wir unsere Einsicht und Entschlossenheit auf dem Pfad des Dienstes, der Liebe und des Beschützens immer wieder erneuern und vertiefen können. Unsere Zeit, das Leben, das wir haben, ist dazu da, dass wir die Erwartungen unserer spirituellen und blutsverwandten Vorfahren an uns erfüllen. Wir sollten die Zeit nicht einfach verstreichen lassen, ohne dies zu realisieren. Leben und praktizieren wir auf diese Weise, wird uns das viel Freude bringen und es wird uns erlauben, unseren Kindern und deren Kindern die besten Dinge, die wir von unseren Vorfahren empfangen haben, zu übermitteln.

Siebtes Kapitel
Sich um die Umweltschützer kümmern

Ein Schüler fragte mich: „Es gibt so viele dringliche Probleme, was soll ich tun?“ Ich sagte zu ihm: „Nimm eines und kümmere dich sehr eingehend und sorgfältig darum, damit wirst du alles zur selben Zeit tun.“

Vielen Menschen ist das Leiden der Erde bewusst und ihre Herzen sind voller Mitgefühl. Sie wissen, was getan werden muss, und sie engagieren sich im politischen, sozialen oder ökologischen Bereich, um Dinge zu verändern. Doch nach einer Phase des intensiven Engagements sind sie oft entmutigt, denn ihnen fehlt die nötige Stärke, um ein solch aktives Leben aufrechterhalten zu können. Der Intellekt reicht nicht aus, um ein Leben mitfühlenden Handelns führen zu können. Um wirksam die Zukunft unserer Welt zu beeinflussen, brauchen wir mehr. Wirkliche Stärke kann nicht durch Macht, Geld oder Waffen gefunden werden, sondern nur durch tiefen, inneren Frieden. Verfügen wir über genügend Einsicht, verfangen wir uns nicht länger in schwierigen Situationen und können aus ihnen auch leichter wieder herauskommen. Wenn wir unser tägliches Leben ändern – die Art, wie wir denken, sprechen und handeln –, ändern wir die Welt. Es ist wichtig, dass wir in jedem Augenblick mit unserer wahren Präsenz da sind; dass wir lebendig sind und die Einsicht in das Intersein, unsere wechselseitige Abhängigkeit und

Durchdringung, nähren. Ohne Frieden und Glück können wir weder für uns selbst Sorge tragen, noch für andere Gattungen oder unseren Planeten. Für unsere Umwelt sorgen wir am besten, wenn wir uns um den Umweltschützer und die Umweltschützerin kümmern.

Viele buddhistische Lehren können uns helfen, unsere Vernetzung, unsere Verbundenheit mit Mutter Erde zu verstehen. Eine der tiefgründigsten ist das *Diamant-Sutra*, das die Form eines Dialogs zwischen dem Buddha und Subhuti, einem seiner wichtigsten Schüler, hat. Das *Diamant-Sutra* ist der älteste Text über Tiefenökologie. Es beginnt mit der Frage Subhutis: „Wenn Töchter und Söhne aus guten Familien den höchsten, den erfülltesten, den erwachten Geist hervorzubringen wünschen, auf was sollten sie sich dabei stützen und was sollten sie tun, um ihr Denken zu meistern?“

Es ist die gleiche Frage wie: „Wenn ich mein ganzes Sein nutzen will, um das Leben zu schützen, welche Methoden und Prinzipien sollte ich da einsetzen?“

Der Buddha antwortete: „Wir müssen unser Bestes tun, jedem Lebewesen zu helfen, den Ozean des Leidens zu überqueren. Doch wenn alle Wesen das Ufer der Befreiung erreicht haben, ist kein einziges Wesen zum anderen Ufer gebracht worden. Wenn du noch immer in einer Vorstellung von Selbst, von einer Person, einem Lebewesen oder einer Lebensspanne verfangen bist, bist du kein authentischer Bodhisattva.“

Selbst, Person, Lebewesen und Lebensspanne sind vier Begriffe, die uns davon abhalten, die Wirklichkeit zu sehen, wie sie ist.

Das Leben ist Eins: Wir brauchen es nicht in Stücke zu teilen und dieses oder jenes Stück ein „Selbst“ nennen. Was wir Selbst nennen, besteht nur aus Nicht-Selbst-Elementen.

Betrachten wir zum Beispiel eine Blume, glauben wir vielleicht, sie unterscheide sich von Dingen, die „Nicht-Blume" sind. Doch wenn wir tiefer schauen, erkennen wir, dass alles im Kosmos in dieser Blume enthalten ist. Ohne all die Nicht-Blume-Elemente – Sonnenschein, Flüsse, Wolken, Erde, Gärtner, Mineralien, Hitze, und Bewusstsein – könnte eine Blume nicht sein. Darum lehrt der Buddha, dass das Selbst nicht existiert. Wir müssen alle Unterscheidungen zwischen Selbst und Nicht-Selbst beseitigen. Wie kann jemand ohne diese Einsicht für den Schutz der Umwelt arbeiten?

Den zweiten Begriff oder die zweite Vorstellung, die wir dem *Diamant-Sutra* zufolge aufgeben sollten, ist die Vorstellung von einer Person, einem menschlichen Wesen. Das ist nicht allzu schwierig. Schauen wir in ein menschliches Wesen hinein, sehen wir menschliche Vorfahren, tierische Vorfahren, pflanzliche Vorfahren und mineralische Vorfahren. Wir erkennen, dass der Mensch aus Nicht-Mensch-Elementen besteht. Wir unterscheiden normalerweise zwischen Menschen und Nicht-Menschen und glauben, wir seien wichtiger als andere Gattungen. Doch da wir Menschen aus Nicht-Mensch-Elementen bestehen, müssen wir alle Nicht-Mensch-Elemente schützen, um uns selbst zu schützen. Es gibt gar keinen anderen Weg. Wenn Sie glauben, Gott habe die Menschen nach Seinem Bilde geschaffen und alle anderen Wesen, damit wir Menschen aus ihnen Nutzen ziehen, dann haben Sie bereits eine Unterscheidung getroffen und Menschen eine größere Bedeutung zugeschrieben als anderen Wesen. Erkennen wir, dass Menschen kein Selbst haben, verstehen wir, dass wir Sorge um die Menschheit tragen, wenn wir uns um unsere Umwelt, die Nicht-Mensch-Elemente, kümmern. Wir müssen andere Lebewesen respektieren und schützen, um selbst eine Chance zu haben. Der beste Weg, sich um

Menschen so zu kümmern, dass sie gesund und glücklich leben können, besteht darin, andere Wesen und um die Umwelt zu schützen.

Ich kenne Ökologen, die in ihrem Familienleben nicht glücklich sind. Sie arbeiten sehr viel, um die Umwelt zu verbessern, zum Teil aber auch, um ihrem unglücklichen Familienleben zu entkommen. Wenn jemand im Inneren nicht glücklich ist, wie kann er oder sie der Umwelt helfen? Die Nicht-Mensch-Elemente schützen bedeutet die Menschen schützen, und die Menschen schützen bedeutet die Nicht-Mensch-Elemente schützen.

Die dritte Vorstellung, die wir zu durchbrechen haben, ist die Vorstellung von einem Lebewesen. Wir glauben, dass wir Lebewesen uns von der unbelebten Natur unterscheiden, aber den Prinzipien des Interseins zufolge bestehen Lebewesen aus Nicht-Lebewesen-Elementen. Schauen wir in uns hinein, sehen wir Mineralien und alle anderen Nicht-Lebewesen-Elemente. Warum diskriminieren wir etwas, das wir unbelebt nennen? Um Lebewesen zu schützen, müssen wir die Steine, den Erdboden und die Meere schützen. Vor dem Abwurf der Atombombe auf Hiroshima gab es in den Parks viele schöne Steinbänke. Als die Japaner ihre Stadt wieder aufbauten, hatten Sie das Gefühl, dass diese Steine tot seien. Sie brachten sie fort, begruben sie und brachten lebende Steine herbei. Glauben Sie nicht, Steine lebten nicht. Atome bewegen sich fortwährend. Elektronen bewegen sich nahezu mit Lichtgeschwindigkeit. Den Lehren des Buddhismus folgend, sind Atome und Steine Bewusstsein. Darum sollte eine diskriminierende Haltung von Lebewesen gegen Nicht-Lebewesen abgelegt werden.

Die letzte Vorstellung ist die von einer Lebensspanne. Wir glauben, dass wir von einem bestimmten Zeitpunkt an lebendig sind und dass unser Leben vor diesem Moment nicht existiert hat. Diese Unterscheidung zwischen Leben und Nicht-Leben ist nicht korrekt. Das Leben besteht aus dem Tod und der Tod aus dem Leben. Wir müssen den Tod annehmen, denn er ermöglicht das Leben. Die Zellen unseres Körpers sterben tagtäglich, doch wir denken nie daran, ein Begräbnis für sie abzuhalten. Der Tod einer Zelle ermöglicht die Geburt einer anderen. Leben und Tod sind zwei Aspekte derselben Wirklichkeit. Wir müssen lernen, friedvoll zu sterben, damit andere leben können. Diese tiefgreifende Meditation bringt Nicht-Angst, Nicht-Wut und Nicht-Verzweiflung hervor sowie die Stärke, die wir für unsere Arbeit brauchen. Mit Nicht-Angst werden wir nicht ausbrennen, selbst wenn wir sehen, dass ein Problem sehr massiv ist. Wir wissen, wie wir kleine, gleichmäßige Schritte machen können.

Wenn die Menschen, die daran arbeiten, die Umwelt zu schützen, diese vier Vorstellungen eingehend betrachten, werden sie wissen, wie sie sein und wie sie handeln müssen. Sie verfügen über genügend Energie und Einsicht, um ein Bodhisattva auf dem Weg des Handelns zu sein.

Es gibt sehr viel Leiden in der Welt und es ist sehr wichtig, dass wir mit diesem Leiden in Berührung bleiben, damit wir mitfühlend sein können. Doch um stark zu sein, müssen wir auch die positiven Elemente umarmen. Wenn wir sehen, wie eine Gruppe von Menschen achtsam lebt, lächelt und sich in liebevoller Weise verhält, gewinnen wir Vertrauen in unsere Zukunft. Wenn wir achtsames Atmen, Lächeln, Ruhen, Gehen und Arbeiten praktizieren, werden wir für unsere Gesellschaft ein positives Element darstellen und Vertrauen und Zuversicht in unserem Umfeld erwecken. Auf diese Weise vermeiden wir es, uns von Verzweiflung überwältigen zu lassen. Und so helfen wir auch der jüngeren Generation, nicht die Hoffnung zu verlieren. Es ist überaus wichtig, in unserem täglichen Leben zu zeigen, dass eine Zukunft möglich ist.

Um unsere globale ökologische Situation grundlegend ändern zu können, müssen unsere Anstrengungen kollektiv und harmonisch sein, gegründet auf Liebe und Respekt für uns und andere, für unsere Vorfahren und zukünftige Generationen. Wenn Ärger und Wut über die Ungerechtigkeit die Quelle unserer Energie ist, tun wir vielleicht etwas Schädliches, das wir später bereuen werden. Dem Buddhismus zufolge ist Mitgefühl die einzig nützliche und sichere Energiequelle. Durch Mitgefühl wird Ihre Energie aus Einsicht geboren; es ist keine blinde Energie. Nur Mitgefühl zu empfinden ist aber nicht genug, wir müssen lernen, es auszudrücken. Aus diesem Grund sollten Liebe und Verstehen stets Hand in Hand gehen. Verstehen und Einsicht zeigen uns, wie man handelt.

Der Begriff „engagierter Buddhismus" ist entstanden, um die wahre Bedeutung des Buddhismus wieder herzustellen. Engagierter Buddhismus ist einfach im täglichen Leben angewandter Buddhismus. Wir können Buddhismus nicht Buddhismus nennen, wenn er nicht engagiert ist. Buddhistische Praxis findet nicht nur in Klöstern, Meditationshallen und buddhistischen Instituten statt, sondern in jeder Situation, in der wir uns befinden. Engagierter Buddhismus beinhaltet die Aktivitäten des alltäglichen Lebens verbunden mit der Praxis der Achtsamkeit.

Es ist wirklich notwendig, den Buddhismus in das gesellschaftliche Leben einzubringen, insbesondere in Kriegssituationen oder solchen sozialer Ungerechtigkeit. Während des Vietnamkrieges wurde sehr schnell klar, dass wir den Buddhismus zu einem engagierten Buddhismus machen mussten, damit für die Menschen Mitgefühl und Verstehen Teil des täglichen Lebens werden konnten. Wenn das eigene

Dorf bombardiert wird und die Nachbarn zu Flüchtlingen werden, dann kann man nicht einfach nur weiterhin in der Meditationshalle Sitzmeditation praktizieren. Selbst wenn unser Tempel nicht bombardiert wurde und die Meditationshalle unversehrt geblieben ist, können wir die Schreie der verwundeten Kinder hören und den Schmerz der Erwachsenen sehen, deren Häuser zerstört wurden. Wie können wir uns da weiterhin nur hinsetzen zur Meditation am Morgen, Mittag und Abend? Wir müssen Wege finden, unsere Praxis ins tägliche Leben zu bringen und den anderen Menschen zu helfen. Wir können alles nur Mögliche tun, um ihr Leid zu verringern. Doch wir wissen auch, dass wir dies nicht über längere Zeit hinweg zu tun vermögen, wenn wir unsere Übung des achtsamen Sitzens und Gehens aufgeben.

Es ist sehr wichtig, dass wir, während wir unsere Hilfe anbieten oder an Aktivitäten zum Schutz unserer Umwelt teilnehmen, gleichzeitig unsere Übung des achtsamen Atmens, achtsamen Gehens, achtsamen Sprechens fortsetzen. Überlassen wir uns nicht der Wut und Verzweiflung, wenn wir über den gegenwärtigen Zustand der Welt nachdenken oder wenn wir denen begegnen, die die Ressourcen in verschwenderischer Weise nutzen. Stattdessen können wir unser eigenes Leben zu einem Beispiel für ein einfaches Leben werden lassen. Tiefes Zuhören und liebevolles Sprechen können die Transformation von Individuen und der Gesellschaft unterstützen und das kollektive Erwachen, das unsere Zivilisation und unseren Planeten retten wird, nähren.

Wollen wir in unserem liebevollen Sprechen erfolgreich sein, müssen wir lernen, wie wir unsere Emotionen handhaben können, wenn sie auftreten. Jedes Mal, wenn Wut, Enttäuschung oder Trauer aufkommen, müssen wir mit diesen Gefühlen umzugehen wissen. Das bedeutet nicht, dass wir mit ihnen kämpfen, sie unterdrücken oder verjagen.

Unsere Wut und unsere Enttäuschung sind Teil von uns, und wir sollten sie nicht bekämpfen oder zu verjagen suchen. Wenn wir uns knechten, sind wir uns selbst gegenüber gewalttätig. Wissen wir, wie wir zu unserem achtsamen Atmen zurückkehren, gelangen wir zu wahrhafter Präsenz und entwickeln die Energie, damit in Berührung zu bleiben. Mit dieser Energie können wir unsere Trauer, unsere Wut und unsere Enttäuschung würdigen und umarmen.

Soziale Arbeit, die ohne Achtsamkeitspraxis erfolgt, kann nicht als engagierter Buddhismus bezeichnet werden. Menschen, die auf diese Weise ihre Arbeit tun, können sich in Verzweiflung, Wut oder Enttäuschung verlieren. Praktizieren wir wirklich engagierten Buddhismus, dann wissen wir, wie wir uns als Übende schützen können, während wir den Menschen in der Welt helfen. Wahrhaft engagierter Buddhismus bedeutet zunächst einmal, Achtsamkeit in allem, was wir tun, zu praktizieren.

Die Achtsamkeitspraxis hilft uns, dessen gewahr zu sein, was geschieht. Sobald wir fähig sind, tief in das Leiden hineinzuschauen und dessen Wurzeln zu erkennen, werden wir motiviert sein, zu handeln und zu praktizieren. Die Energie, die wir brauchen, ist nicht die Energie der Angst oder Wut, sondern die des Verstehens und Mitgefühls. Es besteht kein Grund zu beschuldigen oder zu verdammen. Die, die sich selbst, die Gesellschaft oder den Planeten zerstören, tun das nicht absichtlich. Ihr Schmerz und ihre Einsamkeit sind so überwältigend, dass sie ihnen entkommen wollen. Sie brauchen Hilfe, keine Strafe. Nur Verstehen und Mitgefühl auf einer kollektiven Ebene können uns befreien.

Achtes Kapitel
Die Stadt mit nur einem Baum

Stellen Sie sich eine Stadt mit nur einem übrig gebliebenen Baum vor. Die Menschen in dieser Stadt sind psychisch krank, weil sie von der Natur sehr entfremdet sind. Schließlich erkennt ein in der Stadt lebender Arzt, warum die Menschen dort krank werden, und er verschreibt jedem seiner Patienten Folgendes: „Sie sind krank, weil Sie von Mutter Natur abgeschnitten sind. Nehmen Sie jeden Morgen den Bus, suchen Sie den Baum im Stadtzentrum auf und umarmen Sie ihn für fünfzehn Minuten. Betrachten Sie diesen wunderschönen grünen Baum und riechen Sie seine wohl duftende Rinde."

Die Patienten fühlen sich sehr viel besser, nachdem sie dies drei Wochen getan haben. Doch weil es so viele Menschen gibt, die an derselben Krankheit leiden und der Arzt stets das Gleiche verschreibt, wird die Schlange der Menschen, die darauf warten, den Baum zu umarmen, immer länger, mehr als anderthalb Kilometer lang, und die Menschen werden langsam ungeduldig. Fünfzehn Minuten Umarmungs-Zeit für einen Einzelnen sind nun zu lang, so dass der Stadtrat eine Verordnung mit fünf Minuten als Maximum erlässt. Dann muss dieser Zeitraum auf eine Minute, dann auf ein paar Sekunden verkürzt werden. Am Ende gibt es kein Heilmittel mehr für all die Kranken.

Wenn wir nicht achtsam sind, erleben wir vielleicht bald eine solche Situation. Wir müssen uns daran erinnern, dass unser Körper nicht auf das begrenzt ist, was innerhalb unserer Haut ist. Unser Körper ist sehr viel größer. Wir wissen, dass unser Lebensstrom versiegen wird, wenn unser Herz aufhört zu schlagen, doch wir nehmen uns nicht die Zeit, die vielen anderen Dinge außerhalb unseres Körpers wahrzunehmen, die für unser Überleben gleichermaßen essenziell sind. Sollte die Ozonschicht über uns auch nur für einen Moment verschwinden, würden wir sterben. Hörte die Sonne auf zu scheinen, würde der Strom des Lebens enden.

In meiner Sitzmeditation kann ich meine Aufmerksamkeit auf mein Herz richten:

Einatmend bin ich mir meines Herzens bewusst.
Ausatmend lächle ich meinem Herzen zu.

Dabei erkenne ich vielleicht, dass das Herz in meinem Körper nicht mein einziges Herz ist – die Sonne am Himmel ist auch mein Herz. Setzte mein eigenes Herz aus, würde ich sofort sterben. Doch wenn mein anderes Herz, die Sonne, explodierte oder aufhörte zu funktionieren, würde ich auch sofort sterben. Die Sonne ist unser zweites Herz, unser Herz außerhalb des Körpers. Es gibt dem Leben auf der Erde die nötige Wärme, damit es existieren kann. Dank der Sonne leben die Pflanzen. Ihre Blätter absorbieren die Sonnenenergie zusammen mit dem Kohlendioxid aus der Luft, um daraus Nahrung für die Bäume, die Blumen, das Plankton zu schaffen. Und dank der Pflanzen können wir und andere Tiere leben. Wir alle – Menschen, Tiere, Pflanzen und Mineralien – „konsumieren" direkt und indirekt die Sonne. Wir können gar nicht alle Wirkungen der Sonne, dieses großen Herzens außerhalb unseres Körpers, beschreiben. Sehen wir die Dinge in dieser Weise, fällt es uns leicht, die Dualität von Selbst und Nicht-Selbst zu transzendieren. Wir erkennen, dass wir uns um unsere Umwelt kümmern müssen, denn wir sind unsere Umwelt.

Schauen wir grünes Gemüse an, sollten wir wissen, dass nicht nur das Gemüse grün ist, sondern auch die Sonne. Die Blätter verdanken ihre grüne Farbe der Präsenz der Sonne. Ohne die Sonne könnte kein Wesen überleben. Ohne Sonne, Wasser, Luft und Erde gäbe es kein Gemüse. Das Gemüse ist das Zusammenkommen vieler Bedingungen, nah und fern.

Es gibt im gesamten Universum kein einziges Phänomen, das uns nichts angeht, von einem Kieselstein am Meeresboden bis zur Bewegung einer Galaxie Millionen Lichtjahre von uns entfernt. Alle Erscheinungen sind voneinander abhängig. Denken wir an ein Staubkorn, eine Blume oder einen Menschen, kann unser Denken sich nicht von der Vorstellung von einem Selbst, von einem soliden, dauerhaften Etwas lösen. Wir ziehen eine Trennlinie zwischen Einem und Vielen, Diesem und Jenem. Wenn wir wahrhaft die Natur der wechselseitigen Abhängigkeit eines Staubkorns, einer Blume und eines menschlichen Wesens erkennen, verstehen wir, dass Einheit ohne Verschiedenheit nicht existieren kann. Einheit und Verschiedenheit durchdringen einander frei. Einheit ist Verschiedenheit und Verschiedenheit ist Einheit. Das ist das Prinzip des Interseins.

Wenn Sie gern in den Bergen wandern oder ländliche Gegenden und Wälder schätzen und genießen, wissen Sie, dass die Bäume unsere Lungen außerhalb des Körpers sind. Doch wir haben Millionen Quadratkilometer Land entwaldet, und wir haben auch die Luft und die Flüsse verschmutzt und Teile der Ozonschicht zerstört. Wir sind in unserem kleinen Selbst eingesperrt, denken nur an das Schaffen von angenehmen Bedingungen für unser kleines Selbst, während wir unser großes Selbst zerstören. Wir können diese

Situation nur ändern, wenn wir unser wahres Selbst sind. Unser wahres Selbst zu sein bedeutet, dass wir Wald, Fluss, Ozonschicht sein müssen.

Visualisieren wir uns selbst als Wald, werden wir von den Hoffnungen und Ängsten der Bäume erfahren. Sind wir dazu nicht in der Lage, werden die Wälder sterben und wir unsere Chance auf Frieden verlieren. Verstehen wir, dass wir mit den Bäumen *inter sind*, wissen wir, es ist an uns, sie am Leben zu erhalten. In den letzten Jahrzehnten hat der saure Regen, bedingt durch den Autoverkehr und die Fabriken, viele Bäume zerstört. Weil wir mit den Bäumen *inter sind*, wissen wir, dass wir sehr schnell verschwinden werden, wenn sie nicht leben können. Wäre die Erde unser Körper, könnten wir viele schmerzvoll Bereiche spüren.

Wir alle sind Kinder der Erde, und zu einem bestimmten Zeitpunkt, sie uns wieder aufnimmt. Wir entstehen fortwährend aus Mutter Erde, werden von ihr genährt und kehren dann zu ihr zurück. Alles Leben ist unbeständig. So wie wir, werden auch die Pflanzen geboren, leben für eine gewisse Zeit und kehren dann zur Erde zurück. Wenn sie verrotten, düngen sie unseren Garten. Frisches Gemüse und verrottendes Gemüse sind Teile derselben Wirklichkeit. Ohne das eine kann das andere nicht sein. Nach sechs Monaten wird aus dem Kompost wieder frisches Gemüse. Pflanzen und Erde hängen voneinander ab. Ob die Erde frisch, grün und schön oder unfruchtbar und ausgedörrt ist, hängt von den Pflanzen ab. Es hängt auch von uns ab.

So viele Wesen des Universums lieben uns bedingungslos. Das Lied eines Vogels kann Freude, Schönheit und Reinheit ausdrücken und unsere Vitalität und Liebe erwecken. Die Bäume, das Wasser und die Luft fordern nichts von uns, sie lieben uns einfach. Doch obwohl wir ihre Liebe brauchen, zerstören wir sie fortwährend. Wir sollten unser Bestes tun, allen Lebewesen so wenig Schaden wie möglich zuzufügen. Wir können, wenn wir gärtnern, lernen, welche Pflanzen wir neben unser Gemüse und unsere Blumen anpflanzen, die schädliche Insekten, Wild und Kaninchen abhalten, ohne sie zu verletzen. Wir können statt Pestiziden biologische Pflanzenschutzmittel verwenden, um Vögel und Bienen nicht zu gefährden. Wir sollten stets danach streben, den Schaden, den wir anderen Lebewesen zufügen, zu verringern. Zerstören wir Tiere, Luft und Bäume, zerstören wir uns selbst. Wir müssen lernen, bedingungslose Liebe für alle Wesen zu praktizieren, damit Tiere, Luft, Bäume und Mineralien weiterhin sie selbst bleiben können.

Eine Eiche ist eine Eiche. Alles, was sie tun muss, ist, sie selbst zu sein. Ist eine Eiche weniger als eine Eiche, werden wir alle Probleme haben. In unseren früheren Leben waren wir Felsen, Wolken und Bäume. Wir waren sicherlich auch einmal eine Eiche. Das entspricht nicht nur buddhistischem Denken, sondern auch wissenschaftlichem. Wir Menschen sind eine junge Gattung. Wir waren Pflanzen, wir waren Bäume und nun sind wir Menschen geworden. Wir sollten uns an unsere früheren Existenzen erinnern und demütig werden. Von einer Eiche können wir sehr viel lernen.

Unsere Ökologie sollte eine Tiefenökologie sein und nicht nur tief, sondern auch universell sein. Es gibt auch in unserem Bewusstsein eine Verschmutzung. Durch Fernsehen, Filme und Zeitschriften können wir lernen, sie können aber auch Formen der Verschmutzung darstellen. Sie vermögen Samen der Gewalt und Angst in uns zu säen und unser Bewusstsein zu verschmutzen. Diese Dinge beeinflussen uns in derselben Weise, in der wir unsere Umwelt durch Chemikalien und Kahlschlag zerstören und unsere Gewässer verunreinigen. Wir müssen die ökologische Integrität der Erde und eine Ökologie des Geistes bewahren und schützen, sonst wird diese Art der Gewalt und Rücksichtslosigkeit immer mehr Bereiche des Lebens ergreifen.

Wir Menschen halten uns für intelligent, doch eine Orchidee zum Beispiel weiß, wie sie symmetrische Blüten schafft; eine Schnecke weiß, wie sie ein schönes, wohl proportioniertes Gehäuse herstellt. Verglichen mit ihrem Wissen ist unseres nicht allzu viel wert. Wir sollten uns vor der Orchidee und der Schnecke tief verbeugen und unsere Handflächen ehrerbietig vor dem Schmetterling und dem Magnolienbaum zusammenlegen. Das Gefühl von Respekt für alle Gattungen wird uns helfen, die edelste Natur in uns selbst zu erkennen und zu kultivieren.

Neuntes Kapitel
Unsere Gemeinschaften transformieren

Im Bewusstsein des Leidens und der Verschwendung durch die nicht nachhaltige Verwendung der materiellen Ressourcen der Erde, sind wir entschlossen, Wege zu finden, um Ressourcen mit Achtsamkeit zu nutzen, mit einer klaren Sicht für die langfristigen Wirkungen ihres Gebrauchs auf künftige Generationen und auf uns. In dem Wissen, dass kollektives Leiden wie globaler Klimawandel, Abholzung der Wälder, Wasserknappheit und Verschmutzung von Luft, Boden und Gewässern aus den täglichen Aktivitäten der Menschen erwächst, verpflichten wir uns, unsere Lebensweise zu transformieren, um Frieden und Harmonie in unseren Familien, unseren lokalen Gemeinschaften und Ökosystemen und in der Welt zu bewirken.

Ökologische Initiative des Klosters Deer Park

In unseren Klöstern und Praxiszentren in Europa und den USA haben wir eine Reihe von ökologischen Initiativen eingeführt, um das Klima zu schützen und den Menschen zu helfen, sich darüber bewusst zu werden, was sie tun können, um ihren Anteil an der Umweltzerstörung zu verringern.

Im Dezember 2007 wurde unser Kloster Deer Park in Escondido in Kalifornien vollständig auf Solarenergie umgestellt. Unsere gesamte Elektrizität wird nun von der sauberen Energie der Sonne erzeugt.[5] Die Zeremonie, die wir zu diesem Anlass abhielten, war sehr bewegend. Mehr als tausend Praktizierende nahmen daran teil und viele von uns hatten Tränen der Freude in den Augen. Durch unsere Umstellung auf Solarenergie machen wir unsere Schritte auf der Erde leichter, so dass wir wirklich als verantwortliche und liebevolle Kinder des Planeten leben können.

Unsere Sangha will in Harmonie mit dem Land, mit der Vegetation und den Tieren, mit allen Brüdern und Schwestern leben. Sind wir in Harmonie miteinander, dann sind wir in Harmonie mit dem Land. Wir erkennen unsere enge Beziehung zu jedem Menschen und jeder Gattung. Das Glück und Leiden aller Menschen und aller Gattungen ist unser eigenes Glück und Leiden. Wir sind mit allem verbunden und verwoben. Als Praktizierende sehen wir, dass wir Teil der gesamten menschlichen Zivilisation sind und nicht von ihr getrennt. Als menschliche Wesen sehen wir, dass wir Kinder der Erde sind und nicht getrennt vom Planeten, den Wäldern, den Gewässern und dem Himmel. Wir teilen dasselbe Schicksal.

Der Erde ist aus Unwissenheit, Gier und Arroganz viel Leid angetan worden. Als Kinder dieses Landes sind wir entschlossen, neu zu beginnen – alle Anstrengungen, große und kleine, zu unternehmen, um kollektiv eine wirkliche Veränderung unserer globalen ökologischen Situation herbeizuführen. Unsere Gemeinschaft hat gelobt, die Energie und die Ressourcen des Landes nicht durch achtloses Handeln

---

5 Das 66-Kilowatt-Photovoltaiksystem in Deer Park produziert den gesamten im Kloster benötigten Strom. Dadurch gelangen jährlich 120 Tonnen Kohlendioxidemissionen weniger in die Atmosphäre.

zu verringern, sondern im Gegenteil zur Regeneration dieses schönen Landes beizutragen und Frische, Frieden und Glück all denen zu bringen, die hierher kommen. Wir reduzieren unsere Fahrten und benutzen Elektroautos und Autos, die mit recyceltem Pflanzenöl betrieben werden, wodurch die Kohlendioxidemissionen halbiert werden können. Wir fahren nur noch einmal die Woche zum Einkaufen. Wir setzen auf einheimische Pflanzen, um den Wasserverbrauch zu reduzieren, wir kompostieren und recyceln und haben alle Glühbirnen durch Energiesparlampen ersetzt.

Wir haben einen autofreien Tag pro Woche, um den Benzinverbrauch zu senken. Ein Tag in der Woche ist nicht genug, aber es ist etwas – etwas, das unser Erwachen zeigt, unseren Willen zu handeln und achtsames Konsumieren zu praktizieren. Die Praxis des autofreien Tages macht uns große Freude, denn wir wissen, dass wir etwas tun. Wir wollen kein Opfer von Verzweiflung sein. Unsere Botschaft ist in erster Linie eine nonverbale, unsere Botschaft ist unser eigenes Handeln.

Wenn wir unser Autofahren reduzieren und damit uns selbst, dem Planeten und dem Buddha in uns helfen, leichter zu atmen, können wir sehen, dass selbst eine so kleine Entscheidung, wie das Auto im Kloster nicht zu benutzen, gute Dinge zu bewirken vermag. Wenn Sie nach Deer Park kommen und Ihr Auto auf dem allgemeinen Parkplatz abstellen und Sie sich zu Fuß zu den oberhalb liegenden Bereichen des Klosters aufmachen, gibt Ihnen das die Gelegenheit zu großer Freude. Sie haben die Möglichkeit zur Gehmeditation; vom Parkplatz zur Meditationshalle können Sie jeden Schritt genießen.

Sie atmen achtsam ein und aus und mit jedem Schritt betreten Sie das Reich Gottes. Und es ist ein wirkliches Reich, ein wirkliches Reines Land. Wenn Sie Ihr Auto nicht benutzen, halten Sie die Luft rein, Sie haben mehr Freude und Sie kommen in Berührung mit den Bäumen, den Blumen, den Steinen und den Kaninchen. Mit den Wundern des Lebens in Berührung zu sein, dem Sonnenschein, dem Regen und den Blumen kann Ihnen viel Freude bringen.

An einem Morgen sind dort einige Hundert von uns langsam, ruhig und friedvoll zusammen gegangen, uns aneinander erfreuend, jeden Schritt genießend. Wir sprachen nicht, wir lauschten weder dem Fernsehen oder Radio noch einem Dharmavortrag. Wir genossen es einfach, miteinander zu gehen, in Brüderlichkeit und Schwesterlichkeit; ohne an etwas zu denken, etwas zu sagen, genossen unser Einatmen und Ausatmen und unsere Schritte, unseren Vater berührend, unsere Mutter berührend, sie anlächelnd. Das ist das Reich Gottes. Warum enthalten wir uns diese Art Wunder vor? Ein jeder dieser Momente ist heilend, transformierend und nährend. Wir vermögen dies individuell und auch kollektiv als Gemeinschaft zu tun.

Anlässlich des 2550sten Jahrestages der Geburt des Buddha stellte ich die Idee von globalen autofreien Tagen vor – Tagen, an denen wir zusammen feiern, Menschen über die Erderwärmung informieren und die Wirkung eines kollektiven Erwachens schaffen können.[6] Wir alle sollten in unseren Gemeinschaften dazu aufrufen, solche autofreien Tage einzurichten – wenn nicht jede Woche, dann jeden Monat –, um damit die Aufmerksamkeit der Menschen auf die Gefährdung unseres Planeten zu richten.[7] Ein autofreier Tag ist unser Geschenk an den Planeten. Sie können vielleicht

---

[6] In einer Ansprache vor der UNESCO am 7. Oktober 2006 hat Thich Nhat Hanh konkrete Schritte vorgeschlagen, um die Erderwärmung zu stoppen und schlug weltweite autofreie Tage vor.

[7] Der 22. September ist als weltweiter „autofreier Tag“ ausgerufen. Besuchen Sie die Website www.car-free-days.org, um mehr über diese Kampagne zu erfahren und sich ihr anzuschließen.

mit dem Fahrrad oder mit öffentlichen Verkehrsmitteln zur Arbeit fahren oder an diesem Tag zu Hause arbeiten. Das sollte aber nicht nur ein Handlungsaufruf sein, sondern tatsächlich getan werden. Lasst es uns jetzt tun, zusammen, um die Menschen aufzuwecken, bevor es zu spät ist. Wir müssen die Botschaft, die wir der Welt senden wollen, verkörpern. In unserem täglichen Leben sind wir gewöhnlich so beschäftigt, dass wir den Buddha jede Woche, jeden Tag brauchen, um uns daran zu erinnern, so zu leben, dass für unsere Kinder und deren Kinder eine Zukunft möglich sein wird. Es wäre nicht sehr freundlich gegenüber unseren Kindern, wenn wir ihnen einen tief verwundeten Planeten hinterließen.

Jeder Mensch, jede Familie, jede Gemeinschaft und jedes Land kann etwas tun, um das Fortschreiten der Erderwärmung zu stoppen. Lehrer können in den Schulen mit ihren Schülerinnen und Schülern sprechen, denn besonders Kinder und junge Leute sind imstande, Schwierigkeiten und Leiden zu verstehen, und ihnen ist sehr bewusst, in welcher Gefahr die Erde ist. Kinder haben gute Ideen und den Wunsch, sie zu teilen. Manchmal haben die jungen Mitglieder einer Familie oder Gemeinschaft eine Betrachtungsweise, die einfühlsamer ist als die Sichtweise der Älteren. Wenn junge Menschen ihre Ideen ausdrücken können, haben sie das Gefühl, einen Beitrag zur Gemeinschaft zu leisten. Sie werden sich dann nicht mehr so sehr von gewissen Strömungen beeinflusst oder sich an den Rand gedrängt fühlen. Es ist für Lehrer und Eltern wichtig, der jüngeren Generation ganz genau zuzuhören und sie zu ermutigen, ihre Meinung zu sagen.

Kinder sind geschickt darin, Achtsamkeit zu üben und andere daran zu erinnern, dasselbe zu tun. Ich kenne viele junge Leute, die wissen, wie man praktiziert und das eigene

Leben verändert, und die in der Lage sind, ihren Eltern und anderen Erwachsenen bei deren Veränderung zu helfen. Diese Kinder können uns großes Vertrauen in die Zukunft geben. Wir stecken nicht in einer Sackgasse. Es gibt einen anderen Weg, einen Ausweg. Wir müssen nur einander an die Hand nehmen und friedvoll auf dem Pfad wandeln. Auch unsere Vorfahren beschritten diesen Pfad. Es ist der Pfad von Brüderlichkeit und Schwesterlichkeit und er ist weit kostbarer als jede Ideologie oder Religion.

Viele Mitglieder unserer globalen Familie gehen bereits zusammen auf diesem Pfad. Dänemark bezieht zwanzig Prozent der Elektrizität aus Windenergie. In Island werden dreiundneunzig Prozent der Haushalte durch Erdwärme beheizt. In Südkorea haben die Menschen Wälder aufgeforstet. Schweden hat verkündet, 2020 eine ölfreie Wirtschaft haben zu wollen. Australien hat fünfhundert Millionen Dollar – mehr als jede andere Regierung – zur Verfügung gestellt, um den Klimawandel zu bekämpfen. Die Europäische Union hat diesem Ziel oberste Priorität eingeräumt. Dies alles sind wunderbare Dinge.

Wir können auch unseren politischen Repräsentanten schreiben und ihnen sagen, was wir wollen. Wenn Menschen eine klare Vision haben und entschlossen sind, dann hat die Regierung keine andere Wahl, als dem zu folgen. Lassen Sie die gewählten Volksvertreter wissen, dass Sie eine Politik wollen, welche die Entwicklung sauberer, erneuerbarer Energiequellen fördert und die Vernichtung der Wälder aufhält. Sie müssen die Abgeordneten und Regierungsvertreter durch Ihre Einsichten und Ideen unterstützen. Individuelle Einsichten verhelfen zu kollektiven Einsichten und dann wird es gemeinschaftliches Handeln geben. Wir müssen zu Unterstützern und Ratgebern der Regierung werden. Wir müssen ihnen sagen, dass die weltweiten Ausgaben für Rüstung unverhältnismäßig hoch sind. Nur ein Sechstel dieser Mittel könnten einen Wandel bewirken, der den Planeten retten würde. Der UN-Sicherheitsrat sollte sich dieses Themas annehmen. Es ist dringend. Bittet die Nationen der Welt darum, ein Sechstel ihres Militärbudgets für die Rettung der Erde einzusetzen. Das ist vernünftig und es ist möglich.

Aktionen wie das Organisieren autofreier Tage können uns von unseren alltäglichen Beschäftigungen befreien, so dass wir erkennen, welche Gewalt zunehmend in der Welt herrscht. Wenn Sie wirklich den Werdegang des Buddha fortsetzen wollen, müssen Sie bei diesem kollektiven Erwachen helfen. Es ist dabei wichtig, die Unterstützung Ihrer Familie oder Gemeinschaft zu haben. Leben wir in einer Gemeinschaft, in der achtsames Konsumieren praktiziert wird, dann ist es für uns selbst auch einfacher, achtsames Konsumieren zu praktizieren. Wir werden das als Sangha tun, in Brüderlichkeit und Schwesterlichkeit und auf diese Weise müssen wir uns nicht als Einzelne sorgen.

Zehntes Kapitel
Die Augen der Elefantenkönigin

Jeder Schritt, den wir gehen, hat die Kraft der Heilung und Transformation. Durch unsere Schritte können wir nicht nur uns selbst heilen, sondern wir können auch dabei helfen, die Erde und die Umwelt zu heilen.

Im *Mahaparinirvana-Sutra* wird das Leben des Buddha während seines letzten Lebensjahres beschrieben – die Orte, die er besuchte, die Menschen, die er traf, und die Belehrungen, die er gab. Im Sutra heißt es, dass der Buddha die Regenzeit gerade in der Nähe von Vaishali, nördlich des Ganges, verbracht hatte, als er beschloss, Richtung Norden aufzubrechen, um in seine Geburtsstadt Kapilavastu zurückzukehren. Obwohl er wusste, dass er die wunderschöne Stadt Vaishali zum letzten Mal sehen würde, hob er seine Hand nicht, um Abschied nehmend zu winken. Stattdessen findet sich im Sutra der folgende Satz:

Der Buddha hatte sich auf den Weg gemacht; er drehte sich noch einmal herum und blickte mit den Augen einer Elefantenkönigin ein letztes Mal über die Stadt Vaishali und sagte dann: „Ananda, ist Vaishali nicht wunderschön?“

Nachdem der Buddha mit einem sanften Blick Vaishali noch einmal betrachtet und dabei all ihre Schönheit in sich aufgenommen hatte, drehte er sich um und begann zu gehen.

Als der Buddha die Stadt betrachtete, tat er es mit den Augen der Elefantenkönigin, um wirklich tief zu schauen und das, was da war, zu würdigen. Auch wir haben die Augen des Buddha und der Elefantenkönigin. Schauen wir tief in die Schönheit der uns umgebenden Natur, dann schauen wir mit den Augen des Buddha. Es ist sehr liebenswürdig von Ihnen, im Namen des Buddha zu schauen, für ihn die Welt zu betrachten, denn Sie sind seine Fortführung.

Wenn Sie also Sitzmeditation praktizieren, so sitzen Sie für den Buddha. Der Buddha in Ihnen sitzt ganz aufrecht, der Buddha in Ihnen genießt jedes Ein- und Ausatmen, der Buddha betrachtet achtsam die Welt und ist in Berührung mit der Schönheit der Natur.

Wenn Sie wissen, wie Sie die Schönheit der Natur mit den Augen des Buddha betrachten können, dann werden Sie nicht mehr sagen können, ihr Leben habe keine Bedeutung. Sie können mit den Ohren des Buddha hören, Sie können die Welt mit den Augen des Buddha betrachten und dann sind auch Ihre Kinder und deren Kinder in der Lage, wie der Buddha zu schauen. Sie übermitteln den Buddha an Ihre Kinder und deren Kinder durch die Art und Weise, wie Sie gehen, sitzen, schauen und lauschen, und sogar dadurch, wie Sie essen. Das ist etwas, was Sie jetzt tun können. Vom heutigen Tag an können Sie eine wirkliche und wahrhafte Fortführung des Buddha, unseres spirituellen Vorfahrs, sein.

Jede Minute unseres Lebens ist eine Gelegenheit, wie ein Buddha zu gehen, mitfühlend zuzuhören wie ein Buddha, friedvoll und glücklich wie ein Buddha zu sitzen und die Schönheiten der Welt wie ein Buddha zu betrachten. Damit helfen wir unserem Vater, unserer Mutter, unseren

Vorfahren und unseren Kindern in uns, sich zu entwickeln, und wir helfen unserem Lehrer, seine Gelübde, sein Bestreben zu erfüllen. So wird unser Leben wahrhaft zu einer konkreten Botschaft der Liebe. Leben wir unser Leben auf diese Weise, können wir zu verhindern helfen, dass die Erderwärmung unserem Planeten Schaden zufügt.

Schauen wir tief in uns hinein, können wir die Elemente des Reichs Gottes, die im Hier und Jetzt für uns verfügbar sind, identifizieren. Für mich ist das Reich Gottes oder das Reine Land keine vage Idee, sondern es ist Realität. Diese Kiefer dort auf dem Berg ist so schön, stabil und grün. Für mich gehört die Kiefer zum Reich Gottes, dem Reinen Land des Buddha. Ihr wundervolles Kind mit seinem frischen Lächeln gehört zum Reich Gottes und auch Sie gehören zum Reich Gottes. Sind wir imstande, den dahinströmenden Fluss, den blauen Himmel, den singenden Vogel, die erhabenen Berge, die zahllosen Tiere, das Sonnenlicht, den Nebel, den Schnee, die unzähligen Wunder des Lebens als Wunder, die zum Reich Gottes gehören, zu sehen, dann werden wir unser Möglichstes tun, sie zu schützen, und ihre Zerstörung nicht zulassen. Wenn wir erkennen, dass dieser Planet zum Reich Gottes gehört, werden wir ihn wertschätzen und zu bewahren suchen, damit wir uns an ihm für lange Zeit erfreuen können und auch unsere Kinder und deren Kinder die Chance haben, ihn zu genießen.

Der Buddha unterweist uns über den Kreislauf von *samsara*, einen Kreislauf, in dem sich das gleiche Leiden ständig wiederholt. Wenn wir nicht praktizieren, werden wir diesen Kreislauf nicht verlassen können. Atmen wir achtsam, gehen wir achtsam und verweilen wir achtsam im gegenwärtigen Augenblick, dann brauchen wir nicht zu konsumieren und Objekten unseres Verlangens hinterherzujagen, um glücklich zu sein. In unserem Kloster in Plum Village hat niemand ein eigenes Konto, niemand besitzt ein Auto oder ein persönliches Mobiltelefon, und die dort lebenden Mönche, Nonnen und Laien erhalten keinerlei Gehalt. Und doch sind da Freude und Glück, Brüderlichkeit und Schwesterlichkeit. Wir brauchen den „amerikanischen Traum" nicht länger.

Einatmend gelangen wir in Kontakt mit den Sternen, dem Mond, den Wolken, den Bergen und Flüssen. Sind wir von der Energie der Achtsamkeit und Konzentration erfüllt, dann führt uns jeder unserer Schritte ins Reich Gottes, das Reine Land des Buddha.

Schauen wir tief in eine Blume hinein, erkennen wir die Elemente, die zusammengekommen sind und ihre Manifestation ermöglichen. Wir sehen Wolken, die sich als Regen manifestieren. Ohne Regen kann nichts wachsen. Berühre ich die Blume, berühre ich die Wolke, berühre ich den Regen. Das ist keine poetische Betrachtung, das ist Wirklichkeit. Entfernen wir die Wolke und den Regen aus der Blume, dann wird die Blume nicht mehr da sein. Mit den Augen des Buddha können wir die Wolken und den Regen in der Blume sehen, können die Sonne berühren, ohne uns die Finger zu verbrennen. Ohne die Sonne kann nichts wachsen, und von daher ist es gar nicht möglich, die Sonne aus der Blume zu entfernen. Die Blume kann keine abgetrennte Entität sein, sie muss mit dem Licht, mit den Wolken, mit dem Regen *inter-sein*. Das Wort „Intersein" entspricht der Wirklichkeit mehr als das Wort „Sein". *Sein* bedeutet tatsächlich *Intersein*.

Das Gleiche gilt für mich, für Sie, für den Buddha. Der Buddha muss mit allem *inter-sein*. Intersein und Nicht-Selbst sind die Objekte unserer Kontemplation. Wir müssen uns darin üben, in unserem alltäglichen Leben die Wahrheit des Interseins und Nicht-Selbst in jedem Augenblick zu berühren.

Wir sind in Berührung mit den Wolken, mit den Kindern, mit den Bäumen, mit den Flüssen, mit unserem Planeten, und dieser Kontakt enthüllt die wahre Natur der Wirklichkeit, die Natur von Unbeständigkeit, Nicht-Selbst, wechselseitiger Abhängigkeit und Intersein.

Wir haben Mutter Erde auf die gleiche Weise zerstört, auf die ein Bakterium oder ein Virus den menschlichen Körper zerstören kann. Mutter Erde ist auch ein Körper. Natürlich gibt es Bakterien, die für den menschlichen Körper nützlich und überlebenswichtig sind, die ihn beschützen und dabei helfen, die für unseren Körper nötigen Enzyme zu schaffen. In ähnlicher Weise kann auch die menschliche Gattung ein lebendiger Organismus sein, der den Körper von Mutter Erde zu schützen vermag, vorausgesetzt, die menschliche Gattung wacht auf und vermag mit Verantwortung, Mitgefühl und liebender Güte zu leben. Wir müssen erkennen, dass wir mit unserer Mutter Erde *inter-sind*, dass wir mit ihr leben und sterben.

Es ist wundervoll zu realisieren, dass wir alle einer Familie angehören, wir alle Kinder der Erde sind. Wir sollten uns umeinander kümmern und füreinander Sorge tragen, und so sollten wir es auch mit unserer Umwelt halten. Möglich wird das, indem wir praktizieren, als große Familie zusammenzusein. Ein positiver Wandel im individuellen Gewahrsein wird einen positiven Wandel im kollektiven Gewahrsein hervorbringen. Wir müssen dem Schutz unseres Planeten oberste Priorität einräumen. Ich hoffe, Sie nehmen sich die Zeit, um sich mit anderen zusammenzusetzen, Tee mit Ihren Freundinnen und Freunden, den Mitgliedern Ihrer Familie zu trinken und diese Dinge zu diskutieren. Laden Sie Bodhisattva Erdschützerin ein, dass sie mit Ihnen sitzt und zusammenarbeitet. Treffen Sie dann Ihre Entscheidung und handeln Sie, um unseren wunderschönen

Planeten zu retten. Ihr Leben zu ändern, wird Ihnen unmittelbar viel Freude bringen, und mit Ihrem ersten achtsamen Atemzug wird die Heilung beginnen.

Teil Drei

Übungen zum achtsamen Leben

Erd-Gathas – Meditationen für das tägliche Leben

Gathas helfen uns, in unserem täglichen Leben Achtsamkeit zu praktizieren und tief zu schauen. Rezitieren wir diese kurzen Verse, wird uns dies Gewahrsein, Frieden, und Freude für die einfachen Aktivitäten schenken, die wir vielleicht für selbstverständlich halten, wie zum Beispiel Essen, Händewaschen oder den Abfall hinausbringen. Die Bilder in den Versen sind alle real und praktisch. Vielleicht mögen Sie Ihre eigenen Gathas für die Dinge, die Ihnen wichtig sind, schaffen: Fahrradfahren, sich einen warmen Schal umlegen, mit dem Hund Gassi gehen. Die Gathas erinnern uns daran, dass die Erde uns tagtäglich mit den kostbarsten Geschenken versieht.

Der erste Schritt am Tag

Auf der Erde zu gehen
ist ein Wunder!
Jeder achtsame Schritt
offenbart den wunderbaren Dharmakaya.

Dieses Gedicht können wir rezitieren, wenn wir aus dem Bett steigen und unsere Füße den Boden berühren. Wir können es auch nutzen, wenn wir Gehmeditation machen, oder jedes Mal, wenn wir aufstehen und gehen. Dharmakaya bedeutet wörtlich der Körper *(kaya)* der Lehren des Buddha *(dharma)*, der Weg des Verstehens und der Liebe. Vor seinem

Tod sagte der Buddha seinen Schülerinnen und Schülern: „Nur mein physischer Körper wird dahinscheiden. Mein Dharmakörper wird für immer bei euch sein." Dharmakaya bedeutet auch „die Essenz von allem, das existiert". Alle Phänomene – der Vogelgesang, die warmen Sonnenstrahlen, eine Tasse heißer Tee – sind Manifestationen des Dharmakaya. Auch wir sind von derselben Art wie die Wunder des Universums. Wir müssen nicht in der Luft schweben oder auf dem Wasser laufen, um ein Wunder zu erfahren; das tatsächliche Wunder besteht darin, im gegenwärtigen Augenblick wach zu sein. Wenn wir auf der grünen Erde gehen, realisieren wir das Wunder, lebendig zu sein. Machen wir Schritte wie diese, wird die Sonne des Dharmakaya scheinen.

Den Wasserhahn aufdrehen

Wasser strömt von den Höhen der Berge.
Wasser fließt tief in der Erde.
Das Wasser kommt zu uns wie ein Wunder
und bewahrt alles Leben.

Selbst wenn wir die Quelle unseres Wassers kennen, halten wir sein Erscheinen oft für selbstverständlich. Doch das Wasser ist es, welches das Leben auf der Erde möglich macht. Unser Körper besteht zu mehr als siebzig Prozent aus Wasser. Dank des Wassers wachsen Früchte und Gemüse und wir haben genügend zu essen. Wasser ist ein guter Freund, ein Bodhisattva, der viele tausend Gattungen auf der Erde nährt. Sein Nutzen ist unerschöpflich. Wenn wir dieses Gatha rezitieren, bevor wir den Wasserhahn aufdrehen oder ein Glas Wasser trinken, ermöglicht uns dies, den Strom frischen Wassers in unserem Herzen zu spüren, so dass wir uns vollkommen erfrischt fühlen. Wir feiern und zelebrieren das Geschenk des Wassers, indem wir unser Gewahrsein kultivieren und dabei helfen, unser Leben und das Leben anderer zu bewahren.

Die Hände waschen

Wasser fließt über diese Hände.
Möge ich sie auf geschickte Weise nutzen,
um unseren wertvollen Planeten zu bewahren.

Unsere schöne Erde ist gefährdet. Wir erschöpfen ihre Ressourcen und verschmutzen ihre Flüsse, Seen und Ozeane, zerstören den Lebensraum vieler Gattungen, einschließlich unserer eigenen. Wir vernichten die Wälder, die Erde, die Luft und die Ozonschicht. Unser Planet wird vielleicht aufgrund unserer Unwissenheit und unserer Ängste als eine Umgebung zerstört, die für das menschliche Leben geeignet ist. Die Erde speichert Wasser und Wasser schenkt Leben. Betrachten Sie Ihre Hand, wenn das Wasser darüber läuft. Verfügen Sie über genügend klare Einsicht, um diesen wundervollen Planeten, Mutter Erde, zu bewahren und zu beschützen?

Die leere Schale betrachten

Meine Schale, die noch leer ist,
wird bald mit kostbarem Essen gefüllt sein.
Überall auf der Erde müssen Wesen
um ihr Überleben kämpfen.
Wie glücklich kann ich mich schätzen,
dass ich genug zu essen habe.

Viele Menschen auf dieser Erde, die ihre leere Schale betrachten, wissen, dass ihre Schale noch lange Zeit leer sein wird. Von daher müssen wir die leere Schale ebenso ehren wie die volle. Wir sind dankbar, zu essen zu haben, und mit diesem Gatha können wir geloben, Wege zu finden, denen zu helfen, die hungern müssen.

Das Essen servieren

In dieser Speise
sehe ich deutlich
das ganze Universum,
das meine Existenz unterstützt.

Wenn wir unseren Teller betrachten, der gefüllt ist mit wohlriechenden und schmackhaften Speisen, sollten wir uns der bitteren Not jener Menschen bewusst sein, die hungern müssen oder unter Unterernährung leiden. Betrachten wir unseren Teller, können wir Mutter Erde sehen, die Bauern auf der ganzen Welt, und wir können die Tragödie der ungleichen Verteilung der Ressourcen erkennen. Wir, die wir in Nordamerika oder Europa leben, sind daran gewöhnt, Nahrung zu uns zu nehmen, die aus anderen Ländern importiert wird, sei es Kaffee aus Kolumbien, Schokolade aus Ghana oder Reis aus Thailand. In diesen Ländern gibt es viele Kinder, und mit Ausnahme derer aus reichen Familien sehen diese niemals jene feinen Produkte, die für den Export bestimmt sind, damit sie Geld einbringen. Wir können vor dem Essen achtsam unsere Handflächen zusammenlegen und an die denken, die nicht genug zu essen haben. Langsam und achtsam atmen wir dreimal ein und aus und rezitieren dieses Gatha. Das wird uns helfen, Achtsamkeit zu bewahren. Mögen wir Möglichkeiten finden, einfacher zu leben, damit wir mehr Zeit und Energie haben, das System der Ungerechtigkeit, das in der Welt herrscht, zu verändern.

Die Erde berühren

Die Erde schenkt uns das Leben
und nährt uns.
Die Erde nimmt uns wieder zu sich.
Mit jedem Atemzug werden wir geboren und sterben wir.

Die Erde ist unsere Mutter. Alles Leben entsteht aus ihr und wird von ihr genährt. Wir alle sind Kinder der Erde und irgendwann wird uns die Erde wieder zu sich nehmen. Tatsächlich kommen wir fortwährend ins Leben und kehren in den Schoß der Erde zurück. Wir, die wir Meditation praktizieren, sollten Geburt und Tod in jedem Atemzug erkennen können. Die Erde berühren und unsere Hände den Erdboden spüren lassen, gärtnern – dies alles sind wundervolle, erholsame Aktivitäten. Leben Sie in der Stadt, so haben sie vielleicht nicht viele Gelegenheiten, den Erdboden zu bearbeiten, Gemüse zu pflanzen oder sich um die Blumen zu kümmern. Doch Sie werden sicher ein kleines Stückchen Gras oder Erdboden finden, das Sie wertschätzen und um das Sie sich kümmern können. In Berührung mit Mutter Erde zu sein, ist eine wundervolle Möglichkeit, die eigene geistige Gesundheit zu bewahren.

Den Garten wässern

Wasser und Sonne
grünen diese Pflanzen.
Wenn der Regen des Mitgefühls fällt,
wird selbst die Wüste zu einer weiten, fruchtbaren Ebene.

Wasser ist der Balsam des Mitgefühls. Es vermag uns ins Leben zurückzurufen. Der Regen lässt die Ernte gedeihen und bewahrt Menschen davor zu hungern. Darstellungen der Bodhisattva des Mitgefühls zeigen sie oft mit einer Vase voller Wasser in der linken Hand und einem Weidenzweig in der rechten. Sie versprengt Mitgefühl wie Tropfen nährenden Wassers, um das Herz und den Geist der Menschen, die aufgrund von Leiden schwach und müde geworden sind, zu revitalisieren. Wässern wir den Garten, fällt der mitfühlende Regen auf die Pflanzen. Geben wir den Pflanzen Wasser, geben wir es der ganzen Erde. Sprechen wir beim Wässern der Pflanzen zu ihnen, dann sprechen wir auch zu uns selbst. Wir existieren in Beziehung zu allen anderen Phänomenen. Das Gefühl der Entfremdung, das heute so viele Menschen beherrscht, entsteht aufgrund unseres fehlenden Bewusstseins für die wechselseitige Verbundenheit aller Dinge. Wir können uns nicht von der Gesellschaft oder irgendetwas anderem abtrennen. Dies ist so, weil jenes so ist – dieser Satz aus den Sutras fasst das Prinzip der wechselseitigen Verbundenheit und Durchdringung zusammen. Pflanzen zu wässern und Mitgefühl und wechselseitige Verbundenheit zu erfahren, ist eine wundervolle Meditationspraxis.

Wiederverwenden

Im Abfall sehe ich die Rose.
In der Rose sehe ich den Abfall.
Alles ist in Transformation.
Selbst Beständigkeit ist unbeständig.

Wenn wir etwas wegwerfen, sei es in den Abfalleimer oder auf den Kompost, kann es mit der Zeit einen furchtbaren Geruch annehmen. Verrottende organische Materie riecht besonders schlecht. Doch sie kann auch zu einem reichhaltigen Kompost werden, der den Garten düngt. Die wohlriechende Rose und der stinkende Abfall sind zwei Seiten derselben Existenz. Ohne das eine kann das andere nicht sein. Alles ist in einem Prozess der Transformation. Die Rose, die nach sechs Tagen verwelkt, wird Teil des Abfalls. Nach sechs Monaten hat sich der Abfall in eine Rose verwandelt. Sprechen wir von Unbeständigkeit, verstehen wir, dass alles in Transformation begriffen ist. Dies wird zu dem, und das wird zu jenem. Schauen wir tief, können wir ein Phänomen eingehend betrachten und alles andere in ihm sehen. Der Wandel verstört uns nicht, wenn wir die wechselseitige Verbundenheit und Kontinuität aller Dinge erkennen. Nicht das Leben irgendeines Individuums setzt sich fort, es ist das Leben selbst, das sich fortsetzt. Wenn wir uns mit dem Leben selbst identifizieren und über die Begrenzungen einer abgetrennten Identität hinausgehen, werden wir imstande sein, Beständigkeit in der Unbeständigkeit zu sehen oder die Rose im Abfall.

Die fünf Atemübungen

Einatmend weiß ich, es ist der natürliche Verlauf,
dass ich alt werde.
Ausatmend weiß ich, es gibt keinen Weg, dem Altern
zu entgehen.

Einatmend weiß ich, es ist der natürliche Verlauf,
dass ich erkranken werde.
Ausatmend weiß ich, es gibt keinen Weg, dem
Krankwerden zu entgehen.

Einatmend weiß ich, es ist der natürliche Verlauf,
dass ich sterben werde.
Ausatmend weiß ich, es gibt keinen Weg,
dem Tod zu entgehen.

Einatmend weiß ich, dass ich eines Tages alles,
was ich wertschätze, und alle, die mir lieb sind,
loslassen muss.
Ausatmend weiß ich, es gibt keinen Weg,
sie mitzunehmen.

Einatmend weiß ich, dass ich nichts mitnehme außer
meinen Handlungen von Körper, Rede und Geist.
Ausatmend weiß ich, dass nur meine Handlungen mit
mir kommen werden.

Tiefenentspannung

Sich auszuruhen ist eine Voraussetzung für Heilung. Wenn Tiere sich im Wald verletzen, dann suchen sie sich einen Platz, wo sie sich niederlegen können, und dort ruhen sie sich viele Tage lang aus. Sie sind nicht an Futter oder etwas anderem interessiert. Sie ruhen nur und erfahren die Heilung, die sie brauchen. Wenn wir Menschen zu sehr gestresst sind, dann gehen wir vielleicht in die Apotheke und kaufen uns Pillen, aber wir hören nicht auf in unserem Tun. Wir wissen nicht, wie wir uns selbst helfen können.

Stress sammelt sich in unserem Körper an. Die Art, wie wir essen, trinken und leben, wirkt sich direkt auf unser Wohlergehen aus. Tiefenentspannung gibt unserem Körper die Möglichkeit auszuruhen, zu heilen und sich zu stärken. Wir entspannen unseren Körper, schenken jedem Teil unsere Aufmerksamkeit und senden jeder Zelle unseres Körpers unsere Liebe und unsere Fürsorge.

Achtsames Atmen, totale Entspannung des Körpers, können wir zu Hause mindestens einmal am Tag praktizieren. Dies kann zwanzig Minuten dauern oder auch länger. Wir können dazu unser Wohnzimmer nutzen. Ein Familienmitglied kann die Sitzung leiten. Und die jungen Leute können lernen, wie sie eine Sitzung für die ganze Familie leiten.

Ich bin der Meinung, wir sollten im 21. Jahrhundert einen Saal für Tiefenentspannung in jeder Schule haben. Als Lehrer oder Lehrerin können Sie die Techniken erlernen und ihre Schülerinnen und Schüler einladen, vor dem Unterricht oder nach dem halben Unterrichtstag in sitzender oder liegender Position zu praktizieren. Lehrer und Schüler genießen das achtsame Atmen und die totale Entspannung gemeinsam. Dies hilft den Lehrerinnen und Lehrern, weniger Stress zu haben, es hilft den Schülerinnen und Schülern, und es bringt eine spirituelle Dimension in die Schule. Als Ärztin oder Arzt können Sie die Techniken erlernen und Ihren Patientinnen und Patienten damit helfen. Kennen die Patienten die Kunst des achtsamen Atmens und der totalen Entspannung, dann wird Ihre Fähigkeit, sich selbst zu heilen, gestärkt und der Heilungsprozess wird sich beschleunigen. Auch Politikerinnen und Politiker sollten Tiefenentspannung und achtsames Atmen lernen. Manchmal dauern die Parlamentsdebatten bis zum späten Abend. Viele Abgeordnete sind unter Stress. Wir wollen, dass sie entspannt sind und sich wohl fühlen, um die bestmöglichen Entscheidungen zu treffen. Tiefenentspannung ist eine Praxis, es ist nichts Sektiererisches oder Religiöses; es ist Wissenschaft. Schon eine Übungssitzung kann bereits gute Wirkung zeitigen. Es ist sehr wichtig, Tiefenentspannung zu praktizieren.

Wenn Sie unter Schlafproblemen leiden, kann das durch Tiefenentspannung ausgeglichen werden. Liegen Sie wach im Bett, können Sie Tiefenentspannung praktizieren und Ihrem Ein- und Ausatem folgen. Manchmal können Sie dadurch wieder einschlafen. Doch selbst, wenn das nicht geschieht, ist die Übung sehr gut, weil sie nährend ist und Ihnen zu ruhen ermöglicht. Sie können auch einer wunderschönen Musik oder einem Gesang zuhören, auch das kann sehr erholsam und nährend sein. Es ist sehr wichtig, dass Sie sich erlauben zu ruhen.

Üben wir Tiefenentspannung in einer Gruppe, so kann eine Person die Übung anleiten und den folgenden Text mit vielleicht einigen Variationen benutzen. Machen Sie die

Tiefenentspannung allein, können Sie den Text vorher auf Band aufnehmen und ihn dann abspielen.

Die Übung der Tiefenentspannung

Legen Sie sich auf den Rücken, die Arme seitlich am Körper. Machen Sie es sich bequem. Erlauben Sie Ihrem Körper, sich zu entspannen. Seien Sie sich des Bodens unter Ihnen gewahr ... und des Kontaktes zwischen Körper und Boden (Pause). Lassen Sie Ihren Körper in den Boden sinken (Pause).

Werden Sie sich Ihres Atems bewusst, wie sie ein- und ausatmen. Nehmen Sie Ihre Bauchdecke wahr, die sich beim Ein- und Ausatmen hebt und senkt (Pause) ... hebt ... senkt ... hebt ... senkt (Pause).

Einatmend wenden Sie Ihre Aufmerksamkeit den Augen zu. Ausatmend entspannen Sie Ihre Augen. Lassen Sie die Augen zurück in den Kopf sinken ... lassen Sie die Spannungen in allen kleinen Muskeln im Augenbereich los ... unsere Augen erlauben uns ein Paradies der Formen und Farben zu sehen ... lassen Sie die Augen zur Ruhe kommen ... senden Sie Ihren Augen Liebe und Dankbarkeit.

Einatmend bringen Sie Ihre Aufmerksamkeit zu Ihrem Mund. Ausatmend entspannen Sie den Mund. Lassen Sie die Spannung um Ihren Mund los ... die Lippen sind die Blüten einer

Blume ... lassen Sie ein sanftes Lächeln auf Ihren Lippen erblühen ... das Lächeln löst die Spannung in den Hunderten von Gesichtsmuskeln auf ... spüren Sie, wie sich die Spannung in Ihren Wangen auflöst ... in Ihrem Kiefer ... in Ihrer Kehle ... (Pause).

Einatmend bringen Sie Ihre Aufmerksamkeit zu Ihren Schultern. Ausatmend entspannen Sie die Schultern. Lassen Sie sie in den Boden sinken ... lassen Sie alle angesammelten Spannungen in den Boden abfließen ... wir laden uns so viel auf unsere Schultern ... sorgen Sie für Ihre Schultern, entspannen Sie sie (Pause).

Einatmend werden Sie Ihrer Arme gewahr. Ausatmend entspannen Sie Ihre Arme. Lassen Sie Ihre Arme in den Boden sinken ... die Oberarme ... die Ellbogen ... die Unterarme ... die Handgelenke ... Hände ... Finger ... die winzigen Muskeln ... bewegen Sie Ihre Finger ein wenig, wenn Sie mögen, um die Muskeln besser zu entspannen (Pause).

Einatmend bringen Sie Ihre Aufmerksamkeit zu Ihrem Herzen. Ausatmend lassen Sie Ihr Herz sich entspannen (Pause). Wir haben unser Herz lange Zeit vernachlässigt ... durch die Art, wie wir arbeiten, essen und mit Angst und Stress umgehen (Pause) ... unser Herz schlägt für uns Tag und Nacht ... umarmen Sie Ihr Herz mit Achtsamkeit und Sanftheit ... versöhnen Sie sich mit Ihrem Herzen, tragen Sie Sorge für Ihr Herz (Pause).

Einatmend bringen Sie Ihre Aufmerksamkeit zu Ihren Beinen. Ausatmend lassen Sie Ihre Beine entspannen. Lösen Sie alle Spannungen in Ihren Beinen auf ... die Oberschenkel ... die Knie ... die Unterschenkel ... die Waden ... die Knöchel ... die Füße ... die Zehen ... all die winzigen Muskeln in den Zehen ... vielleicht mögen Sie die Zehen ein wenig bewegen, um ihnen zu helfen, sich zu entspannen ... senden Sie den Zehen Ihre Liebe und Fürsorge (Pause).

Einatmend, ausatmend fühlt sich der ganze Körper leicht ... wie Seegras auf Wasser. ... Sie müssen nirgends hingehen ... nichts tun ... Sie sind frei wie die Wolke am Himmel.

(Musik oder ein Gesang für einige Minuten) (Pause).

Bringen Sie Ihre Aufmerksamkeit zurück zu Ihrem Atem ... zu Ihrer Bauchdecke ... heben und senken (Pause).

Dem Atem folgend werden Sie sich Ihrer Arme und Beine bewusst ... vielleicht mögen Sie sie ein wenig bewegen und strecken (Pause).

Setzen Sie sich dann, wenn Sie bereit dazu sind, langsam auf (Pause).

Stehen Sie langsam auf, wenn Sie bereit dazu sind.

Bei dieser Übung kann die Aufmerksamkeit zu jedem Teil unseres Körpers gelenkt werden: Haar, Schädel, Gehirn, Ohren, Hals, Lungen, jedem inneren Organ, dem Verdauungssystem, dem Becken, zu jedem Teil des Körpers, der Heilung und Aufmerksamkeit braucht. Wir umfassen und umarmen jeden Körperteil und senden Liebe, Dankbarkeit und Fürsorge, wenn wir ihn in unserer Aufmerksamkeit halten und ein- und ausatmen.

Die Erde berühren

Die Praxis der Erdberührung lässt uns zur Erde zurückkehren, zu unseren Wurzeln, lässt uns erkennen, dass wir nicht alleine, sondern verbunden sind mit einem ganzen Strom spiritueller und leiblicher Vorfahren. Wir sind ihre Fortführung und werden uns mit ihnen in zukünftige Generationen fortsetzen. Wir berühren die Erde und lassen damit die Vorstellung los, wir seien abgetrennt und vereinzelt, und erinnern uns daran, dass wir Erde sind und Teil des Lebens.

Wenn wir die Erde berühren, werden wir klein, bescheiden und einfach wie ein Kind. Wenn wir die Erde berühren, werden wir groß wie ein alter Baum, der seine Wurzeln tief in die Erde getrieben hat und aus der Quelle allen Wassers trinkt. Wenn wir die Erde berühren, atmen wir die Stärke und Stabilität der Erde ein und atmen unser Leiden aus – unsere Gefühle der Wut, des Hasses, der Angst, des Ungenügendseins und der Trauer.

Stehend legen wir unsere Handflächen zu einer Lotosblüte zusammen. Dann öffnen wir unsere Arme, knien uns auf den Boden und beugen uns nach vorn, so dass unsere Schienbeine, unsere Unterarme und unsere Stirn bequem auf dem Boden ruhen. Wenn Sie es bevorzugen, können Sie sich auch der Länge nach auf dem Boden ausstrecken. Während wir die Erde berühren, drehen wir unsere neben unserem Kopf auf der Erde ruhenden Handflächen um, um unsere Offenheit für die Drei Juwelen – für Buddha, Dharma und Sangha zu zeigen. Auch wenn wir die Fünf Erdberührungen erst ein oder zwei Mal praktiziert haben, werden wir schon viel von unserem Leiden und unserem Gefühl der Entfremdung aufgelöst haben und uns mit unseren Vorfahren, Eltern, Kindern, Freunden und Freundinnen versöhnt haben.

Die Fünf Erdberührungen

(1)

In Dankbarkeit verbeuge ich mich vor allen Generationen meiner Vorfahren der leiblichen Familie.

(GLOCKE)
(ALLE BERÜHREN DIE ERDE)

Ich sehe meine Mutter und meinen Vater, deren Blut und deren Lebensenergie durch meine Adern zirkulieren und jede meiner Zellen nähren. Durch sie erkenne ich meine vier Großeltern. Ihre Erwartungen, Erfahrungen und ihre Weisheit wurden von vielen Generationen der Vorfahren übermittelt. In mir trage ich das Leben, das Blut, die Erfahrung, die Weisheit, das Glück und die Sorgen und Nöte aller Generationen. Ich praktiziere, das Leiden umzuwandeln sowie all die Elemente, die umgewandelt werden müssen. Ich öffne mein Herz und meinen ganzen Körper, um die Energie der Einsicht, Liebe und Erfahrung, die mir von all meinen Vorfahren übertragen wurde, zu empfangen. Ich erkenne meine

Wurzeln in meinem Vater, in meiner Mutter, meinen Großvätern, meinen Großmüttern und all meinen Vorfahren. Ich weiß, dass ich nur die Fortführung dieser Vorfahrenlinie bin. Ich bitte meine Vorfahren darum, mich zu unterstützen, zu beschützen und mir ihre Energie zu übertragen. Ich weiß, dass die Vorfahren stets gegenwärtig sind, wenn Kinder und Enkelkinder da sind. Ich weiß, dass Eltern ihre Kinder und Enkelkinder immer lieben und unterstützen, obgleich sie, aufgrund der Schwierigkeiten, denen sie selbst ausgesetzt waren, nicht immer in der Lage sein mögen, das auf geschickte Weise zum Ausdruck zu bringen. Ich erkenne, dass meine Vorfahren versucht haben, einen Lebensweg zu gehen, der auf Dankbarkeit, Freude, Vertrauen, Respekt und liebender Güte gegründet ist. Als Fortführung meiner Vorfahren verbeuge ich mich tief und lasse ihre Energie mich durchströmen. Ich bitte meine Vorfahren um ihre Unterstützung, ihren Schutz und ihre Stärke.

(DREI ATEMZÜGE)
(GLOCKE)
(ALLE STEHEN AUF)

(2)

In Dankbarkeit verbeuge ich mich vor allen Generationen meiner spirituellen Familie.

(GLOCKE)
(ALLE BERÜHREN DIE ERDE)

Ich erkenne meine Lehrerinnen und meine Lehrer in mir – die, die mir den Weg der Liebe und des Verstehens gewiesen haben, gezeigt haben, wie man atmet, lächelt, vergibt und tief im gegenwärtigen Moment lebt. Ich erkenne durch meine Lehrerinnen und Lehrer alle Lehrenden vieler Generationen und Traditionen, bis hin zu denen, die meine spirituelle Familie vor Tausenden von Jahren begründeten.
Ich erkenne Buddha oder Christus oder die Partriarchen und Matriarchen oder ... [setzen Sie hier die Namen derjenigen ein, die Sie gern dazurechnen möchten] als meine Lehrer und Lehrerinnen und auch als meine spirituellen Vorfahren. Ich erkenne, dass ihre Energie und die von vielen Lehrergenerationen in mir fließt und Frieden, Freude und Verstehen schafft.
Ich weiß, dass die Energie dieser Lehrer und Lehrerinnen die Welt tief verwandelt hat.
Ohne den Buddha und all diese spirituellen Vorfahren würde ich nicht den Weg kennen, Frieden und Glück in mein Leben zu bringen sowie in das Leben meiner Familie und der Gesellschaft. Ich öffne mein Herz und meinen Körper, um die Energie des Verstehens und der liebenden Güte zu empfangen, den Schutz der Erwachten, ihrer Lehren und den der praktizierenden Gemeinschaften so vieler Generationen. Ich bin ihre Fortführung.
Ich bitte diese spirituellen Vorfahren, mir ihre unbegrenzte Quelle der Energie, des Friedens, der Stabilität, des Verstehens und der Liebe zu übertragen. Ich gelobe, das Leiden in mir und

in der Welt zu transformieren und ihre Energie an zukünftige Generationen zu übertragen. Meine spirituellen Vorfahren mögen ihrerseits Probleme gehabt haben und nicht immer in der Lage gewesen sein, die Lehren gut zu vermitteln, aber ich akzeptiere sie so, wie sie sind.

(DREI ATEMZÜGE)
(GLOCKE)
(ALLE STEHEN AUF)

(3)

In Dankbarkeit verbeuge ich mich vor diesem Land und allen Vorfahren, die es aufgebaut haben.

(GLOCKE)
(ALLE BERÜHREN DIE ERDE)

Ich sehe, dass ich ganz bin, beschützt und genährt von diesem Land und allen Lebewesen, die hier lebten und durch all ihre Anstrengungen das Leben für mich einfach und möglich gemacht haben. Ich sehe ... [fügen Sie hier die Namen der Vorfahren ein, die für das Land, in dem Sie praktizieren, maßgebend und wichtig waren] und all die anderen bekannten und unbekannten Menschen, die sich angestrengt und bemüht haben, so dass wir nun über bessere Lebensbedingungen verfügen. Ich sehe die, die dieses Land durch ihre Talente, ihre Beharrlichkeit und ihre Liebe zu einer Zuflucht für Menschen so vieler Abstammungen und

Hautfarben gemacht haben, sehe die, die schwer gearbeitet haben, um Schulen, Krankenhäuser, Brücken und Straßen zu bauen, erkenne die, die die Menschenrechte geschützt, Wissenschaft und Technologie entwickelt und für Freiheit und soziale Gerechtigkeit gekämpft haben. Ich spüre, wie die Energie dieses Landes meinen Körper und meine Seele durchdringt, mich unterstützt und akzeptiert. Ich gelobe, diese Energie zu kultivieren und zu bewahren und sie an zukünftige Generationen zu übertragen. Ich gelobe, meinen Teil dazu beizutragen, die Gewalt, den Hass und die Verblendung zu verwandeln, die noch immer tief im kollektiven Bewusstsein dieser Gesellschaft verankert sind, damit künftige Generationen mehr Sicherheit, Freude und Frieden erfahren. Ich bitte dieses Land um seinen Schutz und seine Unterstützung.

(DREI ATEMZÜGE)
(GLOCKE)
(ALLE STEHEN AUF)

(4)

In Dankbarkeit und Mitgefühl verbeuge ich mich und übertrage meine Energie denen, die ich liebe.

(GLOCKE)
(ALLE BERÜHREN DIE ERDE)

Alle Energie, die ich empfangen habe, möchte ich jetzt an meinen Vater, meine Mutter, an alle, die ich liebe, übertragen, an alle, die wegen mir und um meines Wohles willen leiden und sich sorgen mussten. Ich weiß, dass ich in meinem täglichen Leben nicht achtsam genug war. Ich weiß, dass auch die, die mich lieben, ihre Probleme und Schwierigkeiten haben. Sie mussten leiden, weil sie nicht das Glück hatten, in einer Umgebung zu leben, die ihre vollständige Entwicklung ermutigt und gefördert hat. Ich übertrage meine Energie an meine Mutter, meinen Vater, meine Brüder, meine Schwestern, meine Liebsten, meinen Ehemann, meine Ehefrau, meine Partnerin, meinen Partner, meine Tochter und meinen Sohn, so dass ihr Leiden gelindert wird, so dass sie lächeln können und Freude darüber empfinden, lebendig zu sein. Ich wünsche, dass sie alle gesund und voller Freude sind. Ich weiß, wenn Sie glücklich sind, dann werde auch ich glücklich sein. Ich fühle keinen Groll mehr gegen eine oder einen von ihnen. Ich bete, dass alle Vorfahren meiner spirituellen und leiblichen Familie ihre Energien auf sie ausrichten, um sie zu schützen und zu unterstützen. Ich weiß, ich bin nicht getrennt von ihnen, ich bin eins mit denen, die ich liebe.

(DREI ATEMZÜGE)
(GLOCKE)
(ALLE STEHEN AUF)

(5)

In Dankbarkeit und Mitgefühl verbeuge ich mich und versöhne mich mit allen, durch die ich Leid erfuhr.

(GLOCKE)
(ALLE BERÜHREN DIE ERDE)

Ich öffne mein Herz und sende meine Energie der Liebe und des Verstehens an alle, durch die ich Leiden erfuhr, an alle, die mein Leben in großem Ausmaß zerstört haben sowie das Leben derer, die ich liebe. Ich weiß, dass diese Menschen sehr viel Leiden erfahren haben und dass ihre Herzen übervoll mit Schmerz, Wut und Hass sind. Ich weiß, dass jeder, der so viel leidet, denen Leiden bereiten wird, die ihn umgeben. Ich weiß, dass diese Menschen vermutlich niemals das Glück und die Chance hatten, dass man sich um sie kümmert und sie liebt. Das Leben und die Gesellschaft haben ihnen schwierige Umstände aufgebürdet. Ihnen wurde Unrecht zugefügt, sie wurden missbraucht. Sie wurden nicht angeleitet, den Weg des achtsamen Lebens zu gehen. Sie haben falsche Wahrnehmungen über das Leben, über mich und über uns angesammelt. Sie haben uns und den Menschen, die wir lieben, Unrecht angetan. Ich bete zu den Vorfahren meiner spirituellen und meiner leiblichen Familie, diesen Menschen, die uns Leid zugefügt haben, die Energie der Liebe und des Schutzes zu übertragen, damit ihre Herzen fähig werden, den

Nektar der Liebe zu empfangen, und zu erblühen wie eine Blume. Ich bete, dass sie verwandelt werden und Lebensfreude erfahren, so dass sie sich und anderen nicht weiter Leiden zufügen. Ich erkenne ihr Leiden und will keinerlei Gefühle des Hasses oder des Zorns mehr gegen sie in mir hegen. Ich möchte nicht, dass sie leiden. Ich leite meine Energie der Liebe und des Verstehens an sie und bitte all meine Vorfahren, ihnen zu helfen.

(DREI ATEMZÜGE)
(GLOCKE)
(ALLE STEHEN AUF)

Friedensvertrag mit der Erde

Dieser Vertrag bietet eine Reihe von Schritten an, durch die wir unseren ökologischen Fußabdruck verkleinern können. Schauen Sie sich die untenstehende Liste an und wenn Sie sich davon inspiriert fühlen, so verpflichten Sie sich, einige der aufgeführten Punkte umzusetzen. Setzen Sie vor die jeweilige Zeile ein Häkchen. Wenn Sie einen oder mehrere der aufgeführten Punkte gegenwärtig bereits praktizieren, setzen Sie jeweils ein „X" vor diese Zeile. Notieren Sie dann Ihre Verpflichtungen auf ein Stück Papier, das Sie als Erinnerung mit sich herumtragen können.

Ich,

____

verpflichte mich:

- ☐ zur Arbeit zu Fuß zu gehen oder mit dem Fahrrad an ___ Tagen pro Woche zu fahren.
- ☐ zu Orten zu Fuß zu gehen oder mit dem Fahrrad zu fahren, die weniger als fünf Kilometer entfernt sind.
- ☐ Fahrgemeinschaften zur Arbeit zu bilden.
- ☐ mit öffentlichen Verkehrsmitteln zur Arbeit zu fahren.
- ☐ Flugreisen auf weniger als ___ Flugstunden pro Jahr zu reduzieren.
- ☐ einen autofreien Tag pro Woche einzulegen.

☐ einen autofreien Tag pro Monat einzulegen.

☐ einmal die Woche zu Hause zu arbeiten.

☐ Ausflüge mit dem Auto um ___ Prozent zu reduzieren.

☐ Treppen zu benutzen und keine Fahrstühle.

☐ einen elektrizitätsfreien Tag pro Woche einzurichten.

☐ eine Energie-Prüfung meines Wohnbereichs zu veranlassen und die Effizienz der Energienutzung zu verbessern.

☐ Sonnenkollektoren zu erwerben und zu installieren.

☐ erneuerbare Energiequellen (Wind, Erdwärme) zu erwerben.

☐ Wäsche (ohne Trockner) an der Luft zu trocknen.

☐ den Gebrauch von Haarfönen und anderen Geräten zu reduzieren.

☐ ansässige Bauern durch den Kauf lokaler Produkte zu unterstützen.

☐ selbst Obst und Gemüse anzubauen.

☐ keine Pestizide oder Herbizide einzusetzen.

☐ zu ___ Prozent organische Nahrungsmittel zu erwerben.

☐ einer Lebensmittelkooperative in meiner Nähe beizutreten.

☐ Glühbirnen zu Hause durch Energiesparlampen zu ersetzen.

☐ keine Klimaanlage zu Hause zu nutzen.

☐ die Klimaanlage zu Hause um ___ Grad zu reduzieren.

☐ die Heizung zu Hause um ___ Grad zu reduzieren.

☐ ein programmierbares Thermostat zu Hause anzubringen.

☐ energiesparende Wärmedämmung und gut isolierte Fenster einzusetzen.

☐ mich ausschließlich vegetarisch zu ernähren.

☐ ein benzinsparendes Auto zu fahren.

☐ keine Klimaanlage im Auto zu nutzen.

☐ keine Waren mit viel Verpackung zu kaufen.

☐ Papiertaschentücher, Papiertücher und Papierteller durch wieder verwendbare Äquivalente zu ersetzen.

☐ so oft wie möglich Büchereien zu nutzen, statt Bücher zu kaufen.

☐ zum Einkaufen Stoffbeutel oder andere wieder verwendbare Taschen zu benutzen.

☐ biologisch abbaubare Reinigungsmittel zu verwenden.

☐ Küchenabfälle zu kompostieren.

☐ andere Menschen (auf der Arbeitsstelle/in der Schule) zu ermutigen und anzuregen, Dinge wiederzuverwenden.

☐ Zeitschriften und Kataloge durch Spenden an Altenheime, Kliniken usw. mit anderen zu teilen.

- ☐ alle nur möglichen Dinge wiederzuverwenden.
- ☐ Kleidung in Second-Hand-Läden einzukaufen.
- ☐ wo immer möglich, einheimische Pflanzen und in heißen Gegenden solche, die Trockenheitstoleranz besitzen, zu pflanzen.
- ☐ in der Nachbarschaft Bäume zu pflanzen.
- ☐ den Computer auszuschalten, wenn er nicht in Gebrauch ist.
- ☐ elektronische Geräte (z. B. Fernseher, DVD-Spieler etc.) nicht im Stand-by-Modus zu lassen, sondern ganz auszuschalten.
- ☐ Computer und Displays so einzurichten, dass sie sich nach zehnminütiger Inaktivität ausschalten.
- ☐ den Gebrauch von heißem Wasser um ___ Prozent zu reduzieren.
- ☐ mich nur kurz warm zu duschen.
- ☐ eine solare Warmwasserbereitung zu installieren.
- ☐ Abwasser wiederzuverwenden.
- ☐ die Spülung nur zu betätigen, wenn es nötig ist.
- ☐ während des Zähneputzens oder Rasierens den Wasserhahn abzudrehen.
- ☐ den generellen Wasserverbrauch um ___ Prozent zu senken.
- ☐ ein System zum Auffangen und Speichern von Regenwasser zu installieren.
- ☐ den Abfall auf meiner Geh- oder Joggingroute aufzusammeln.

- ☐ einen Freund oder eine Freundin zu ermutigen, sich auf einige Punkte dieser Liste zu verpflichten.
- ☐ mich über ökologische Themen zu informieren.
- ☐ Artikel oder Geschichten zu schreiben, die anderen helfen können, sich mit dem Ökosystem vertraut zu machen.
- ☐ einmal in der Woche über meine Beziehung zu dem Ökosystem, in dem ich lebe, zu meditieren.
- ☐ einmal in der Woche darüber zu meditieren, wie ich meinen Konsum reduzieren kann, und dementsprechend zu handeln.
- ☐ an Lokalpolitiker, Landes- und Bundespolitikerinnen zu schreiben, um sie zu effektiveren Umweltschutzgesetzen aufzurufen.
- ☐ lokale Umweltschutzorganisationen zu unterstützen.

Meine eigenen Vorschläge, zu denen ich mich verpflichte:

- ☐ ______________________________
- ☐ ______________________________
- ☐ ______________________________

Ich verpflichte mich, die oben angekreuzten Punkte zu praktizieren, so dass ich die ökologischen Auswirkungen meiner Lebensweise reduzieren kann.

Unterschrift: ______________________________

Datum: ______________________________

Die J. Kamphausen Mediengruppe setzt sich für den nachhaltigen und ressourcenschonenden Umgang mit der Natur ein – die auch Lieferant für das Material unserer hochwertigen Produkte ist.

Für die Auflage des vorliegenden Buches (3.000 Exemplare) wurden 3 Tonnen Papier der Sorte „Recystar" (100% Recycling Papier, zertifiziert mit dem Blauen Engel) verwendet.

Dadurch wurden im Vergleich mit Papier aus reinem Zellstoff die folgenden umweltrelevanten Einsparungen erzielt:

ca. 45 schlagreife Bäume
(davon 7 Bäume aus Urwäldern)
100.000 Liter Wasser
20.000 kWh Energie
Und ca. 500 – 1.000 kg CO^2 (abhängig davon, ob der Zellstoff aus Europa oder Übersee kommt).

Die Abwasserbelastung betrug nur etwa ein Viertel der Menge, die bei konventioneller Produktion auftritt.

Die Berechnungen erfolgten im Rahmen des Projektes „Papierwende"
www.papierwende.de